The Secret®

the POWER™

ARTEMİS

the Secret
the POWER

Rhonda Byrne

ARTEMİS

ARTEMİS

Bu kitap ilk olarak 2010 yılında Simon&Schuster UK Ltd tarafından basılmıştır.
A CBS COMPANY

AB/296 • ABG/112 • AÇ/71 • A/55

1. Basım: Temmuz 2011
ISBN: 978 - 605 - 4482 - 66 - 5
Sertifika No: 10905

Orijinal Resimler: Nic George, Making Good LLC
Kitap Tasarım: Making Good LLC, Gozer Media P/L (Avustralya)
İngilizceden Çeviren: Beril Tüccarbaşıoğlu Uğur

ARTEMİS YAYINLARI
Ticarethane Sokak No: 53 Cağaloğlu / İstanbul
Tel: (212) 513 34 20-21 Faks: (212) 512 33 76
e-posta: editor@artemisyayinlari.com
www.artemisyayinlari.com

Baskı ve Cilt: Melisa Matbaacılık
Çiftehavuzlar Yolu Acar Sitesi No: 4 Bayrampaşa / İstanbul
Tel: (212) 674 97 23 Faks: (212) 674 97 29 Sertifika No: 12088

Genel Dağıtım: Alfa Basım Yayım Dağıtım Ltd. Şti.
Tel: (212) 511 53 03 Faks: (212) 519 33 00

Artemis Yayınları / Alfa Yayın Grubu'nun tescilli markasıdır.

"O, evrendeki her şeyin kusursuzluğunun sebebidir."

Zümrüt Tablet (M. Ö. 3000 CİVARI)

Size ithaf ediyorum

İçindekiler

Önsöz

9 Eylül 2004'ü asla unutmayacağım. Sabah kalktığımda başka herhangi bir günden farkı yoktu ama hayatımın en muhteşem günü oldu.

Diğer pek çok insan gibi hayatım boyunca ayakta kalabilmek için mücadele vermiş, zorluklarla ve engellerle elimden geldiğince başa çıkmaya çalışmıştım. Ama 2004 benim için özellikle zorlu bir yıldı ve zorlayıcı koşullarım 9 Eylül'de beni resmen çökertti. İlişkilerim, sağlığım, kariyerim ve maddi durumum bir daha hiç düzelmeyecek gibi görünüyordu. Etrafımı saran zorluklardan kaçış yolu bulamıyordum. Ve sonra bir mucize oldu!

Kızım bana yüzyıllık bir kitap[1] verdi ve kitabı okuduğum doksan dakikada hayatım tamamıyla değişti. Hayatımdaki her şeyin nasıl olduğunu ve her bir koşulu istediğim şekle çevirmek için ne yapmam gerektiğini anladım. Bir sır

---

1 Wallace Wattles, The Science of Getting Rich. Bu kitabı The Secret'ın web sitesi www.thesecret.tv adresinden indirebilirsiniz.

keşfettim. Yüzyılları aşıp gelen ama tarihte pek az insan tarafından bilinen bir sır.

O andan itibaren dünyayı farklı görmeye başladım. Hayatın asıl işleyişi benim sandığımın tam *aksiydi*. Onlarca yıl boyunca yaşadıklarımızın sadece bizim başımıza geldiğine inanarak yaşamıştım. Ama şimdi akıl almaz gerçeği biliyordum.

İnsanların çoğunun bu sırrı bilmediğini de biliyordum ve bunu dünyayla paylaşmak için harekete geçtim. Hayal edilebilecek her türlü engele rağmen *The Secret* filmini yarattım ve film 2006'da gösterime girdi. Aynı yıl *The Secret* kitabını yazdım ve keşfimi daha çok insanla paylaşma imkanı buldum.

The Secret yayımlanır yayımlanmaz yıldırım hızıyla yayıldı ve bir insandan diğerine geçerek tüm gezegeni dolaştı. Bugün her ülkeden on milyonlarca insan bu bilgiyle hayatını en inanılmaz şekillerde değiştirdi.

The Secret'la hayatını değiştirmeyi öğrenenler benimle binlerce muhteşem hikaye paylaştı ve insanların neden hayatlarında böyle zorluklar yaşadığı hakkında daha çok fikir edindim. Ve bu fikirlerle *The Power* ortaya çıktı. Hayatı anında değiştiren bilgi.

The Secret çekim yasasını, hayatlarımıza hükmeden en güçlü yasayı açıklıyor. *The Power* ise 2006'da *The Secret* gösterime girdiğinden beri öğrendiğim her şeyin özünü barındırıyor. *The Power* sayesinde ilişkilerinizi, maddi durumunuzu, sağlığınızı, mutluluğunuzu, kariyerinizi ve tüm hayatınızı değiştirmenin tek bir şeye bağlı olduğunu anlayacaksınız.

Güç'ün hayatınızı değiştirmesi için *The Secret*'ı okumuş olmanıza gerek yok çünkü bilmeniz gereken her şey *The Power*'da var. Eğer *The Secret*'ı okuduysanız, o zaman bu kitap bildiğiniz şeylere muazzam bir ek yapacak.

Bilmeniz gereken çok şey var. Kendiniz ve hayatınız hakkında anlamanız gereken çok şey var. Ve hepsi iyi şeyler. Hatta iyinin de ötesinde, olağanüstüler!

Teşekkür

Bilgiyi korumak ve yaşamın gerçeğini gelecek nesillere aktarmak için hayatını riske atan, tarihteki büyük insanlara sonsuz minnetlerimi sunuyorum.

Bu kitabın -*Güç*'ün- yaratılışında paha biçilmez destekleri için bazı insanlara teşekkür etmek istiyorum. Skye Byrne'e harika metin düzenlemesi ve Jan Child'la ikisine rehberlikleri, verdikleri cesaret ve çok değerli bilgileri için; Josh Gold'a titiz bilimsel ve tarihsel araştırmaları için; Gozer Media'dan Shamus Hoare ve Nic George'a kitap tasarımı için; Nic George'a orijinal çizimleri ve grafikleri için ve onu elinde tutan her insanın hayatına dokunacak bu güçlü ve güzel kitabın yaratımına kendini adadığı için teşekkür ederim.

Yayınevim Simon&Schuster'dan Carolyn Reidy ve Judith Curr'e zihnen ve kalben yeniliklere açık olma konusundaki inanç ve isteklilikleri için teşekkür ederim, böylece trilyonların hayatına birlikte neşe getirebileceğiz. *Güç*'ün yayına hazırlanma sürecini eğlenceli ve keyifli kılan editörüm Leslie Meredith'e, kopya editörleri Peg Haller, Isolde Sauer ve Kimberly Goldstein'a ve Simon&Schuster takımının diğer üyeleri Dennis Eulau, Lisa Keim, Eileen Ahearn, Darlene DeLillo, Twisne Fan, Kitt Reckord ve Donna Loffredo'ya özverili çalışmaları için teşekkür ederim.

Sır ekibindeki iş arkadaşlarım ve sevgili dostlarıma, dünyaya neşe getirebilelim diye akıllarını her türlü ihtimale açma, her engeli aşma cesaretini gösterdikleri için Paul Harrington, Jan Child, Donald Zyck, Andrea Keir, Glenda Bell, Mark O'Connor, Damian Corboy, Daniel Kerr, Hayley Byrne, Cameron Boyle, Kim Vernon, Chye Lee, Lori Sharapov, Skye Byrne, Josh Gold, Nic George, Laura Jensen, Peter Byrne'e teşekkür ederim.

Gardiner Seah'tan avukatlar Michael Gardiner ve Susan Seah'a çok teşekkürler. Munger Tolles'teki avukatlar Brad Brian ve Luis Li'ye rehberlikleri ve bilgilerini benimle paylaştıkları, doğruluk ve dürüstlüğün yaşayan örnekleri oldukları ve hayatıma olumlu katkıları için en içten teşekkürlerimi sunuyorum.

Bana daima ilham veren sevgili dostlarım Elaine Bate, Bridget Murphy, Paul Suding, Mark Weaver, Fred Nalder, Dani Hahn, Bobby Webb, James Sinclair, George Vernon, Carmen Vasquez, Helmer Largaespada ve son olarak da, ruhani ışığı ve inancı sayesinde, trilyonların hayatına neşe getirme hayaline kavuşmak için yeni düzeylere yükselmemi sağlayan Angel Martin Velayos'a sonsuz teşekkürler.

En değerli öğretmenlerim ve her gün varlıklarıyla hayatımı aydınlatan kızlarım Skye ve Hayley'ye, kız kardeşlerim Pauline, Glenda, Jan ve Kaye'e, iyi ve zor zamanlarımdaki sonsuz sevgi ve destekleri için teşekkürler. 2004'te babamızı beklenmedik bir anda kaybetmemiz beni *Sır*'rın keşfine götürdü ve *Güç*'ü yazarken de annemiz -en yakın arkadaşımız- vefat etti. Şimdi yolumuza onsuz devam ediyor, elimizden geldiğince iyi olmaya çalışıyor ve dünyayı değiştirmek için kayıtsız şartsız seviyoruz. Her şey için tüm kalbimle teşekkürler, anne.

GİRİŞ

İnanılmaz bir hayat yaşamak için doğdunuz!

Sevdiğiniz ve istediğiniz her şey sizin olmalı. İşiniz heyecan verici olmalı ve başarmak istediğiniz her şeyi başarmalısınız. Aileniz ve arkadaşlarınızla mutlu ilişkiler sürdürmelisiniz. Dolu dolu ve muhteşem bir hayat için gereken paraya sahip olmalısınız. Hayallerinizi gerçekleştirmelisiniz. Hepsini! Seyahat etmek istiyorsanız edebilmelisiniz. Bir iş kurmak istiyorsanız kurabilmelisiniz. Dans etmeyi, yat kullanmayı ya da İtalyanca, Fransızca, İngilizce öğrenmeyi istiyorsanız, bunların hepsini yapabilmelisiniz. Müzisyen, bilimadamı, iş sahibi, mucit, sanatçı, ebeveyn ya da her ne olmak istiyorsanız o olmak için doğdunuz.

Her yeni güne heyecanla uyanmalısınız çünkü o günün harika şeylerle dolu olduğunu biliyorsunuz. Neşelenmeli ve kahkahalarla gülmelisiniz. Güçlü, mutlu ve güvenli hissetmelisiniz. Kendinizden memnun olmalı, paha biçilmez ve olağanüstü olduğunuzu bilmelisiniz. Hayatınızda zorluklar da olacak tabii. Onları da kabullenmelisiniz çünkü olgunlaşmanıza ve gelişmenize yardım edecekler. Ama sorunlarla zorlukların üstesinden gelmeyi biliyor olmalısınız. Kazanan olmalısınız! Mutlu olmalısınız! Siz inanılmaz bir hayat yaşamak için doğdunuz!

Siz mücadele etmek için doğmadınız. Mutluluk anlarının nadir rastlandığı bir hayat yaşamak için doğmadınız. Haftanın beş günü deli gibi çalışıp mutluluğu haftasonlarındaki birkaç an ya da saate indirgemek için doğmadınız. Limitli bir enerjiyle ve her günün sonunda tükenmiş hissetmek için doğmadınız. Endişelenmek ya da korkmak için doğmadınız. Acı çekmek için doğmadınız. Öyleyse hayatınız nasıl olmalı? Dolu dolu yaşamak, neşe, sağlık, canlılık, heyecan ve sevgiyle dolmak için doğdunuz. Çünkü bu hayat inanılmaz!

Hayallerinizdeki hayat, olmak ve yapmak istediğiniz her şey, size sandığınızdan daha yakın. Zira tüm isteklerinize kavuşmak için gereken *güç* içinizde!

> ***"Sınırsız evrene hakim olan ve onu yöneten yüce bir güç var. Siz bu gücün bir parçasısınız."***
>
> Prentice Mulford (1834-1891)
>
> YENİ DÜŞÜNCE YAZARI

Bu kitapta size inanılmaz bir hayata nasıl kavuşacağınızı göstereceğim. Kendinizle, yaşamınızla ve evrenle ilgili olağanüstü bir şey keşfedeceksiniz. Hayat sandığınızdan çok daha basit. Eğer onun nasıl işlediğini ve içinizdeki gücü anlarsanız hayatın büyüsünü dolu dolu yaşayacaksınız. Ve inanılmaz bir hayatınız olacak!

Şimdi bırakın hayatınızın büyüsü başlasın.

GÜÇ NEDİR?

"Bu gücün ne olduğunu söyleyemem. Tek bildiğim var olduğu."

Alexander Graham Bell (1847-1922)

TELEFONUN MUCİDİ

Hayat basit. Hayatınız iki şeyden ibaret: Olumlu şeyler ve olumsuz şeyler. Hayatınızın her unsuru, sağlık, para, ilişkiler, iş ya da mutluluk sizin için ya olumlu ya olumsuz. Tonla paranız var ya da para sıkıntısı çekiyorsunuz. Bedeninizden sağlık fışkırıyor ya da sağlıksızsınız. İlişkileriniz mutlu ya da zor. İşiniz heyecan verici ve başarılı ya da tatminsiz ve başarısız. Mutlulukla dolusunuz ya da çoğu zaman kendinizi iyi hissetmiyorsunuz. İyi ya da kötü yıllarınız, iyi ya da kötü anlarınız, iyi ya da kötü günleriniz var.

Eğer hayatınızdaki olumsuz şeyler olumlulardan daha çoksa, o zaman bir şeyler ters gidiyor demektir ve siz bunu biliyorsunuz. Mutlu ve hayatı muhteşem şeylerle dolu insanları görüyorsunuz ve içinizden bir ses bunları sizin de hak ettiğinizi söylüyor. Haklısınız. Siz iyi şeylerle dolu bir hayatı kesinlikle hak ediyorsunuz.

Muhteşem hayatı olan çoğu insan buna ulaşmak için ne yaptığını bilmez. Ama bir şey yaptılar. Hayattaki her iyi şeyin sebebi olan gücü kullandılar...

Muhteşem hayata sahip olan istisnasız her insan ona ulaşmak için sevgiyi kullandı. Hayattaki tüm olumlu ve iyi şeylere sahip olma gücü *sevgidir*!

Sevgi, zamanın başlangıcından beri her dinde ve her büyük düşünür, filozof, peygamber ve lider tarafından konuşulup yazılmıştır. Ama çoğumuz onların bilgece sözlerinin gerçek anlamını kavrayamamışızdır. Öğretileri sadece kendi dönemlerinin insanları için olsa bile, ortak gerçekleri ve dünyaya verdikleri mesaj bugün hala aynıdır: Sevgi. Çünkü sevdiğinizde evrenin en büyük gücünü kullanırsınız.

Sevginin Gücü

> *"Sevgi fiziksel olarak görünmese de hava ve su kadar gerçek bir elementtir. Yaşayan, hareket eden bir güçtür. Tıpkı okyanus gibi, dalgalar ve akıntılarla hareket eder."*

Prentice Mulford (1834-1891)
Yeni Düşünce yazarı

Büyük düşünürlerin sözünü ettiği sevgi günümüzdeki çoğu insanın sevgi kavramından çok farklıdır. Ailenizi, arkadaşlarınızı ve hoşlandığınız şeyleri sevmekten çok daha fazlasıdır çünkü sevgi sadece bir his değildir. Sevgi olumlu bir güçtür. Sevgi zayıf, çelimsiz ve yumuşak değildir. Sevgi hayatın olumlu gücüdür! Sevgi tüm olumlu ve iyi şeylerin sebebidir. Hayatta yüzlerce değişik güç yok. Yalnızca bir tane var.

Yerçekimi ve elektromanyetizma gibi evrenin büyük güçleri duyularımızla algılanamaz ancak güçleri de inkar edilemez. Aynı şekilde sevginin gücü de bizim için görünmezdir ama gücü evrenin tüm güçlerinden daha büyüktür. Gücünün kanıtı dünyadaki her yerde görünür. Sevgi olmazsa yaşam olmaz.

Durup düşünün: Sevgisiz bir dünya neye benzerdi? Bir kere, var olamazdınız. Sevgisiz doğamazdınız. Aileniz ve arkadaşlarınız da doğamazdı. Aslına bakılırsa gezegende tek bir insan bile olmazdı. Sevginin gücü bugün bitse, insan soyu giderek azalır ve sonunda tamamen tükenir.

Her bir icat, keşif ve insanın yaratılışı kalplerdeki sevgiden doğdu. Wright Kardeşler'in sevgisi olmasaydı bugün bir uçakta uçamayacaktınız. Bilimadamlarının, mucitlerin ve kaşiflerin sevgisi olmasaydı elektriğiniz, ısıtmanız ya da ışığınız olmayacaktı. Araba, telefon ya da hayatı kolaylaştıran hiçbir teknolojiyi kullanamayacaktınız. Mimarlarla inşaatçıların sevgisi olmasaydı evler, binalar ya da şehirler olmayacaktı. Sevgisiz ne tıp ne de doktorlar olurdu. Ne öğretmenler, ne okullar, ne de eğitim olurdu. Kitaplar, tablolar ve müzik de olmazdı. Çünkü bunların hepsi sevginin olumlu gücüyle yaratıldı. Hemen şimdi etrafınıza bir bakın. Çevrenizde gördüğünüz insan yapımı hiçbir şey, sevgi olmasaydı, orada olmayacaktı.

"Sevgiyi çıkardığınızda yeryüzü mezara dönüşür."

Robert Browning (1812-1889)

ŞAİR

Sevgi Sizi Hareket Ettiren Güçtür

Olmak, yapmak ve sahip olmak istediğiniz her şey sevgiden gelir. Sevgisiz, hareket edemezsiniz. Onsuz, sabahları yataktan kalkacak, çalışacak, oynayacak, dans edecek, konuşacak, öğrenecek, müzik dinleyecek ya da başka herhangi bir şey yapacak gücü bulamazsınız. Bir heykelden farkınız kalmaz. Size hareket etmek, olmak ve yapmak için ilham veren olumlu güç sevgidir. Sevginin olumlu gücü iyi şeyler yaratabilir, iyi şeyleri artırabilir ve hayatınızdaki tüm olumsuzlukları değiştirebilir. Sağlığınız, zenginliğiniz, kariyeriniz, ilişkileriniz gibi, hayatınızdaki diğer tüm alanlarda da güç sahibi olursunuz. Ve o güç -sevgi- içinizde!

Madem hayatınız üzerinde güç sahibisiniz ve o güç de içinizde, öyleyse neden hayatınız inanılmaz değil? Neden hayatınızın her alanı muhteşem değil? Neden istediğiniz her şeye sahip değilsiniz? Neden istediğiniz her şeyi yapamadınız? Neden içiniz her gün neşeyle dolmuyor?

Cevap şu: Çünkü bir seçeneğiniz var. Olumlu gücü benimseyip kullanma ya da kullanmama seçeneği. Bilerek ya da bilmeyerek hayatınızın her günü -her anı- bu seçimi yaptınız, yapıyorsunuz. Hiç istisnasız, hayatınızda iyi bir şey olduğunda sevginin olumlu gücünü benimseyip kullandınız. Ve başınıza iyi şeyler gelmediğinde, sevmediniz ve sonuç olumsuz oldu. Sevgi hayatınızdaki tüm iyi şeylerin sebebi. Sevginin yokluğuysa olumsuzlukların, acıların ve mutsuzluğun kaynağı. Ne üzücü ki bugün -hatta tarih boyunca- gezegenin dört bir köşesindeki insanların hayatının, sevginin gücünü bilmekten ve anlamaktan mahrum olduğu açık.

> *"Sevgi evrendeki en güçlü ve buna rağmen hala en bilinmeyen enerji."*
>
> *Pierre Teilhard de Chardin* (1881-1955)
>
> RAHİP VE FİLOZOF

Şimdi hayattaki tüm iyi şeylere ulaşmanızı sağlayacak tek ve biricik gücü tanıyacak ve yaşamınızı tamamen değiştirebileceksiniz. Ama önce sevginin nasıl işlediğini *kesinlikle* anlamalısınız.

Sevgi Yasası

Evren doğa kanunlarıyla yönetilir. Bir uçağı havada uçurabiliriz çünkü havacılık doğa yasalarıyla uyumludur. Uçmamız için fizik kuralları değişmedi, biz onlarla bir uyum yakalamayı başardık ve bunu yapınca uçabildik.

Fizik kuralları nasıl havacılığa, elektriğe ve yerçekimine hükmediyorsa, sevgiye de hükmeden bir kural var. Sevginin olumlu gücünü benimseyip hayatınızı değiştirmek için onun yasasını anlamalısınız. Evrendeki en güçlü yasayı. Çekim yasasını.

Çekim gücü en büyükten en küçüğe her şeydedir. Evrendeki tüm yıldızlarda geçerlidir, her bir atomu ve molekülü oluşturan odur. Gezegenleri Güneş Sistemi'mizde Güneş'in çekim gücü tutar. Böylece gezegenler oradan oraya savrulmazlar. Sizi, diğer tüm insanları, hayvanları, bitkileri ve mineralleri dünyada tutan Yer'in çekim gücüdür. Çekim gücü doğada her yerde görülebilir. Arıları çeken bir çiçekten ya da topraktaki besini çeken bir tohumdan kendi türünü çeken her bir canlıya kadar... Çekim gücü dünyadaki tüm hayvanlarda -denizdeki balıklarda ve gökyüzündeki kuşlarda- işler ve onları çoğalmaya, sürüler oluşturmaya yönlendirir. Çekim gücü vücudunuzdaki hücreleri, evinizdeki eşyaları ve mobilyaları yerlerinde, arabanızı yolda, suyu bardağınızda tutar. Kullandığınız her bir obje, çekim gücü sayesinde bir arada duruyor.

Çekim, insanları diğer insanlara yaklaştıran güçtür. İnsanlar onun sayesinde şehirler, gruplar, kulüpler ve dernekler kurup ortak ilgilerini paylaşır. Çekim bir insanı bilime, diğerini aşçılığa ya da değişik sporlara, farklı müzik tarzlarına, çeşitli evcil hayvanlara çeken güçtür. Çekim sizi en sevdiğiniz şeylere ve yerlere, arkadaşlarınıza ve sevdiğiniz insanlara çeken güçtür.

Sevginin Çekici Gücü

Öyleyse çekim gücü nedir? Çekim gücü sevginin gücüdür! Çekim sevgidir. Bir yiyeceğe karşı çekim hissettiğinizde o yemeği seviyorsunuz demektir. Çekim olmasa hiçbir şey hissetmezdiniz. Neyi sevdiğinizi, neyi sevmediğinizi bilmezdiniz çünkü hiçbir şeye karşı çekim duymazdınız. Başka bir insana, belirli bir ülkeye, belirli bir şehre, belirli bir eve, belirli bir arabaya, belirli bir spora, belirli bir mesleğe, kıyafetlere ya da diğer herhangi bir şeye karşı çekim duymazdınız. Çünkü çekim gücü sayesinde sevgi hissediyorsunuz!

"Çekim yasası sevgi yasasıdır...
Onlar bir ve aynıdır."

Charles Haanel (1866-1949)

YENİ DÜŞÜNCE YAZARI

Çekim yasası sevgi yasasıdır ve sayısız galaksiden tek bir atoma kadar her şeyi uyum içinde tutan en güçlü ve en geçerli yasa budur. Her şeyin içinde ve evrendeki her şey arasında bu yasa işler. Buna hayatınız da dahil.

En evrensel tabirle, çekim yasası şöyle der: Benzer benzeri çeker. Bunun sizin hayatınızdaki anlamı şudur: Ne verirseniz onu alırsınız. Hayatta ne verirseniz, hayatta yine onu alırsınız. Ne verirseniz, çekim yasası aracılığıyla, birebir aynısını kendinize çekersiniz.

> *"Her etki için, ona eşit ve zıt yönlü bir tepki vardır."*
>
> Isaac Newton (1643-1727)
>
> MATEMATİKÇİ VE FİZİKÇİ

Her bir *verme* etkisi *alma* tepkisini yaratır ve her zaman aldığınız verdiğinize eşittir. Hayatta ne verirseniz size dönmek zorundadır. Bu, evrenin fiziği ve matematiğidir.

Olumluluk *verirseniz* olumluluk *alırsınız*, olumsuzluk *verirseniz* olumsuzluk *alırsınız*. Olumluluk verirseniz karşılığında bir sürü iyi şey alırsınız. Olumsuzluk verirseniz karşılığında bir sürü kötü şey alırsınız. Olumluluk ya da olumsuzluğu nasıl mı veriyorsunuz? Duygu ve düşünceleriniz aracılığıyla!

Her an olumlu ya da olumsuz şeyler düşünürsünüz. Her an olumlu ya da olumsuz duygular verirsiniz. Ve bu duygularla düşünceler, karşılığında hayatınızda ne alacağınızı belirler. Hayatınızın anlarını oluşturan tüm insanlar, durumlar ve olaylar dışarı verdiğiniz duygu ve düşünceleriniz aracılığıyla size çekilir. Hayat başınıza gelenler değildir. Hayatınızda *aldığınız* her şeyi *verdikleriniz* belirler.

> *"Verin, o zaman size verilecektir... Çünkü siz hangi ölçekle verirseniz emin olun aynı ölçekle geri alacaksınız."*
>
> İsa (M.Ö. 5 YY. VE M.S. 30 CİVARI)
>
> HIRİSTİYANLIĞIN KURUCUSU, LUKE 6:38

Verdiğinizi alırsınız. Bir arkadaşınız evini taşırken ona yardım ederseniz, o yardım ve destek ışık hızıyla size geri döner. Sizi hayal kırıklığına uğratan bir aile üyesine kızarsanız, o öfke de hayatın akışı içinde size geri dönecektir.

Hayatınızı duygu ve düşüncelerinizle yaratırsınız. Hissettikleriniz ve düşündükleriniz başınıza gelenleri ve hayatınızdaki tecrübeleri yaratır. Eğer "Bugün zor ve stresli bir gün geçiriyorum," diye düşünüp hissederseniz, o günü zor ve stresli yapacak kişileri, durumları ve olayları kendinize çekersiniz.

"Hayat bana iyi davranıyor," diye düşünüp hissederseniz, hayatınızı iyileştirecek kişileri, durumları ve olayları kendinize çekersiniz.

Siz Bir Mıknatıssınız

Çekim yasası hayatta istisnasız her şeyi ne verdiğinize dayanarak veriyor. Maddi durumunuz, sağlığınız, ilişkileriniz, işiniz ve hayatınızda deneyimlediğiniz her bir olay duygu ve düşüncelerinize dayanıyor. Parayla ilgili olumlu duygu ve düşünceler yayarsanız size daha çok para getirecek olumlu durumları, insanları ve olayları kendinize çekersiniz. Parayla ilgili olumsuz duygu ve düşünceler yayarsanız size para kaybettirecek olumsuz durumları, insanları ve olayları kendinize çekersiniz.

"İnsanlık bilinçli olarak sevgi yasasına uyacak mı bilmiyorum. Ama bu ihtiyaç beni rahatsız etmiyor. Bu yasa tıpkı yerçekimi yasası gibi biz kabul etsek de etmesek de işleyecek."

Mahatma Gandhi (1869-1948)

HİNTLİ SİYASİ LİDER

Nasıl düşünüp hissediyorsanız çekim yasası da aynı kesinlikte size yanıt veriyor. İyi de olsalar kötü de, tüm düşüncelerinizi yayıyorsunuz ve düşünceleriniz size bir yankı gibi eksiksiz şekilde geri dönüyor. Bu şu anlama geliyor: Duygu ve düşüncelerinizi değiştirerek hayatınızı değiştirebilirsiniz. İyi düşünün, iyi hissedin ve tüm hayatınızı değiştirin!

Olumlu ve Olumsuz Düşünceler

Düşünceleriniz hem kafanızın içinde duyduğunuz kelimeler hem de dile getirdiklerinizdir. Birine "Ne güzel bir gün," dediğinizde, önce düşünür, sonra kelimeleri söylersiniz. Düşünceleriniz aynı zamanda hareketlerinizdir. Sabah yataktan kalktığınızda, harekete geçmeden önce yataktan kalkmayı düşünürsünüz. Önce düşünmeden harekete geçemezsiniz.

Kelimelerinizle hareketlerinizin olumlu ya da olumsuz olacağını belirleyen düşüncelerinizdir. Ama düşüncelerinizin olumlu ya da olumsuz olduğunu nereden bileceksiniz? İstediklerinizi ve sevgiyi düşündüğünüzde düşünceleriniz olumludur! Olumsuz düşünceler ise istemediklerinizle sevmediklerinizdir. İşte bu kadar basit.

Hayatınızda ne istiyorsanız onu sevdiğiniz için istersiniz. Bir an durup düşünün. Sevmediğiniz şeyleri istemezsiniz, değil mi? Herkes sadece sevdiklerini ister, kimse sevmediklerini istemez.

İstediğiniz ve sevdiğiniz şeyleri düşünüp konuşurken -mesela "Şu ayakkabılara bayıldım. Ne kadar güzeller," dediğinizde- düşünceleriniz olumludur ve olumlu düşünceler size sevdiğiniz şeyler olarak geri döner. Tıpkı güzel ayakkabılar gibi. İstemediğiniz ve sevmediğiniz şeyleri düşünüp konuşurken -mesela "Şu ayakkabıların fiyatına baksana, resmen hırsızlık," gibi- düşünceleriniz olumsuzdur ve o olumsuz düşünceler size sevmediğiniz şeyler olarak geri döner. Sizin için fazlasıyla pahalı şeyler gibi.

Çoğu insan sevdiklerindense sevmediklerini düşünür ve dile getirir. Sevgiden çok olumsuzluk verirler ve böyle yaparak da bilmeden, kendilerini hayattaki tüm iyi şeylerden mahrum ederler.

Sevgisiz harika bir hayat yaşamak mümkün değildir. İyi hayatları olanlar sevmediklerindense sevdiklerini daha çok düşünüp konuşanlardır! Hayatla boğuşanlar ise sevdiklerindense sevmediklerini daha çok düşünüp konuşurlar!

"Bir kelime bizi hayatın tüm ağırlığından ve acılarından kurtarır. O kelime sevgidir."

Sofokles (M.Ö. 496-406)
YUNANLI OYUN YAZARI

Sevdiklerinizden Bahsedin

Maddi sıkıntılardan, bir ilişkideki zorluklardan, hastalıktan, hatta işinizin kar oranlarının düştüğünden bahsederken sevdiğiniz bir şeyden konuşmuyorsunuz demektir. Haberlerdeki kötü bir olayı, sizi üzen, sıkıntıya sokan bir durumu ya da insanı anlatırken sevdiğiniz bir şeyden konuşmuyorsunuz demektir. Geçirdiğiniz kötü bir günü, geç kaldığınız bir randevuyu ya da kaçırdığınız otobüsü anlatırken hep sevmediklerinizden konuşuyorsunuz. Her gün bir sürü ufak tefek şey olur. Eğer kendinizi sevmedikleriniz hakkında konuşmaya kaptırırsanız, o küçük şeylerin her biri daha da zorlaşır ve sonunda bir mücadeleye dönüşür.

Daima günün iyi haberlerinden bahsetmelisiniz. İyi geçen randevunuzu anlatın. Dakik olmayı ne kadar sevdiğinizi anlatın. Sağlıklı olmanın ne kadar güzel olduğunu anlatın. İşinizdeki hedeflerinizi anlatın. Gün içinde size mutluluk veren olaylardan ve görüşmelerden konuşun. Sevdiklerinizi kendinize çekmek için sevdiklerinizden bahsetmelisiniz. Bunları anlatmaktan asla yorulmayın.

Eğer papağan gibi olumsuzlukları ve sevmediklerinizi tekrarlayıp durursanız kendinizi sözlerinizle mahkum ediyorsunuz demektir. Tıpkı kafesteki bir papağan gibi. Sevmediklerinizden her bahsedişinizde kafese yeni bir parmaklık ekliyorsunuz ve kendinizi iyiliklere kapatıyorsunuz.

Harika hayatlar sürenler, sevdiklerinden daha çok bahseder. Böyle yaparak da hayattaki tüm iyiliklere limitsizce ulaşırlar. Tıpkı gökyüzünde süzülen özgür kuşlar gibi. İyi bir hayat için sizi mahkum eden kafesin parmaklıklarını kırın. Sevgi verin ve sadece sevdiklerinizden konuşun. Sevgi sizi serbest bırakacak!

"Sonra gerçeği bileceksiniz ve gerçek sizi özgürleştirecek."

İsa (M.Ö. 5. YY. VE M.S. 30 CİVARI)

HIRİSTİYANLIĞIN KURUCUSU, JOHN 8:32

Sevginin gücü karşısında hiçbir şey imkansız değildir. Kim olursanız olun, hangi durumla karşılaşırsanız karşılaşın, sevginin gücü sizi özgür kılar.

Sadece sevginin gücüyle, onu hapseden parmaklıkları kıran bir kadın tanıyorum. Yirmi yıllık evliliği bitince yoksullukla başa çıkıp çocuklarını tek başına büyütmek zorunda kaldı. Ama yaşadığı tüm zorluklara rağmen içinde öfke, yenilgi ya da başka olumsuz düşüncelerin yeşermesine asla izin vermedi. Hiçbir zaman eski kocasıyla ilgili kötü konuşmadı. Onun yerine sadece olumlu düşündü. Yeni, iyi ve yakışıklı bir koca ve Avrupa'ya gitmekle ilgili hayallerinden bahsetti. Seyahat edecek parası olmamasına rağmen bir pasaport ve tatilde ihtiyaç duyacağı ufak tefek eşyalar aldı.

Sonra ne oldu biliyor musunuz? Yeni, mükemmel kocasıyla tanıştı. Evlendikten sonra kocasının İspanya'daki deniz manzaralı evine taşındı. Şimdi orada mutlu bir hayat sürüyor.

Bu kadın sevmediklerinden bahsetmeyi reddetti. Aksine sevgi vermeyi, sevdiklerini düşünüp onlardan konuşmayı seçerek kendini zorluklarla acılardan arındırdı ve harika bir yaşama kavuştu.

Hayatınızı değiştirebilirsiniz çünkü sevdiklerinizi düşünüp onlardan konuşmak için sınırsız bir yeteneğe sahipsiniz. Dolayısıyla hayatın iyiliklerini kendinize çekmek için sınırsız bir yeteneğiniz var! Ama sahip olduğunuz güç, sevdiğiniz şeyler hakkında olumlu düşünüp olumlu konuşmaktan çok daha büyük. Çünkü çekim yasası düşüncelerinizin yanı sıra hislerinize yanıt veriyor. Sevginin gücünü kullanmak için onu hissetmelisiniz.

"Sevgi, yasayı destekler."

Aziz Paul (5-67 CİVARI)
HIRİSTİYAN HAVARİ, ROMANS 13:10'DAN

ÖZET GÜÇ

- *Sevgi zayıf, çelimsiz ya da yumuşak değildir. Sevgi hayatın olumlu gücüdür! Sevgi tüm olumlu ve iyi şeylerin sebebidir.*

- *Olmak istediğiniz, yapmak istediğiniz ya da sahip olmak istediğiniz her şey sevgiden gelir.*

- *Sevginin olumlu gücü iyi şeyler yaratabilir, iyi şeyleri artırabilir ve hayatınızdaki tüm olumsuzlukları değiştirebilir.*

- *Her gün, her an, pozitif gücü sevmek ya da sevmemek, ondan yararlanmak ya da yararlanmamak arasında bir seçim yapıyorsunuz.*

- *Çekim yasası sevgi yasasıdır. Hayatınız da bu yasayla işler.*

- *Hayata ne verirseniz hayattan onu alırsınız. Olumluluk verirseniz olumluluk alırsınız, olumsuzluk verirseniz olumsuzluk alırsınız.*

- *Hayat sizin başınıza gelmiyor; hayatta ne verirseniz onu alıyorsunuz.*

- *Düşünceleriniz ister iyi, ister kötü olsun, sesinizin ekosu gibi otomatik ve kesin bir şekilde size geri döner.*

- *Harika hayatlar sürenler sevmediklerinden çok sevdiklerini düşünür ve onlardan bahseder!*

- *Günün iyi haberlerinden konuşun. Sevdiklerinizden konuşun. Ve sevdiklerinizi kendinize çekin.*

- *Sevdiklerinizi düşünmek ve onlardan konuşmak için sınırsız bir yeteneğiniz var. Dolayısıyla hayattaki tüm iyi şeyleri kendinize çekmek için sınırsız bir kapasiteniz var!*

- *Sevin; çünkü sevdiğinizde evrenin en büyük gücünü kullanırsınız.*

HİSLERİN GÜCÜ

"İşin sırrı hissetmekte."

Neville Goddard (1905-1972)

YENİ DÜŞÜNCE YAZARI

Siz hisseden bir varlıksınız

Doğduğunuz andan itibaren, diğer her insan gibi, sürekli bir şeyler hissediyorsunuz. Uyurken bilinçli düşüncelerinizi durdurabilirsiniz ama hissetmeyi asla durduramazsınız çünkü canlı olmak hayatı hissetmektir. Siz, özünüzde hisseden bir varlıksınız ve bedeninizin her bir parçasının hayatı hissedebilmeniz için yaratılmış olması bir tesadüf değil!

Görme, işitme, tat alma, koku alma ve dokunma duyularınızla hayattaki her şeyi hissedersiniz. Bunlar hissetme duyularıdır. Gördüğünüzü, duyduğunuzu, tattığınızı, kokladığınızı ve dokunduğunuzu hissetmenize olanak sağlarlar. Vücudunuzu kaplayan cildiniz her şeyi *hissetmenize* yarayan bir duyu organıdır.

Herhangi bir anda ne hissettiğiniz diğer her şeyden daha önemlidir. Çünkü hayatınızı şu anda hissettikleriniz yaratır.

Hisleriniz Yakıtınızdır

Hisler olmadan düşüncelerinizin ve kelimelerinizin hayatınızda hiçbir gücü yoktur. Gün içinde hiçbir sonuca varmayan bir sürü şey düşünürsünüz çünkü düşüncelerinizin çoğu içinizde güçlü bir duygu oluşturmaz. Önemli olan *hissettiklerinizdir*!

Düşüncelerinizle kelimelerinizi bir roket, hislerinizi de yakıtınız olarak düşünün. Roket yakıtsız hiçbir işe yaramayan sabit bir araçtır. Roketi havalandıran yakıtın gücüdür. Aynı şey düşünceleriniz ve kelimeleriniz için de geçerli. Düşünceler ve kelimeler hisleriniz olmadan hiçbir işe yaramayan araçlardır çünkü hisleriniz düşüncelerinizle kelimelerinizin gücüdür!

"Patronuma dayanamıyorum," diye düşünürseniz, bu düşünce patronunuzla ilgili güçlü bir olumsuz *hissi* ifade eder ve o olumsuz *hissi* dışarı yansıtırsınız. Sonuç olarak patronunuzla ilişkiniz kötüleşmeye devam eder.

"İşimde harika insanlarla çalışıyorum," diye düşünürseniz, bu kelimeler çalıştığınız insanlarla ilgili olumlu bir *hissi* ifade eder ve dışarı olumlu bir *his* yansıtırsınız. Sonuç olarak iş arkadaşlarınızla ilişkileriniz iyileşmeye devam eder.

> *"Bir düşüncenin şekillenmesi için duygulara başvurulmalıdır."*
>
> Charles Haanel (1866-1949)
>
> YENİ DÜŞÜNCE YAZARI

İyi ve Kötü Duygular

Hayattaki diğer her şey gibi duygularınız da ya olumlu ya olumsuzdur, iyi ve kötü duygularınız vardır. Tüm iyi duygular sevgiden gelir! Tüm olumsuz duyguların sebebi sevgisizliktir. Kendinizi iyi hissederseniz, sevinçli olduğunuz anlardaki gibi, daha çok sevgi verirsiniz. Daha çok sevgi *verdikçe* daha çok *alırsınız*.

Ne kadar kötü hissederseniz, o kadar olumsuzluk verirsiniz. Daha çok olumsuzluk verdikçe hayattan daha çok olumsuzluk alırsınız. Negatif duygularınız olduğunda kendinizi bu kadar kötü hissetmenizin nedeni *sevginin* hayatın pozitif gücü olmasıdır. Negatif duyguların içinde sevgi barınamaz.

Ne kadar iyi hissederseniz hayat o kadar güzelleşir.

Ne kadar kötü hissederseniz hayat o kadar kötüleşir, ta ki duygularınızı değiştirene dek.

sevgi
minnet
mutluluk
tutku
heyecan
coşku
umut
tatmin
sıkıntı
rahatsızlık
hayalkırıklığı
endişe
yergi
öfke
nefret
kıskançlık
suç
keder
korku

İyi hissettiğinizde düşünceleriniz de doğal olarak iyileşir. Aynı anda hem iyi hissedip hem olumsuz düşünemezsiniz! Aynı şekilde, kötü hissedip olumlu düşünmek de imkansızdır.

Nasıl hissettiğiniz o sırada ne verdiğinizin tıpatıp yansıması, kesin bir ölçüsüdür. İyi hissettiğinizde başka hiçbir konuda endişelenmenize gerek kalmaz çünkü düşünceleriniz, kelimeleriniz ve hareketleriniz iyi olacaktır. Sadece iyi hissederek sevgi vermeyi garantileyebilirsiniz ve o sevginin tamamı mutlaka size döner.

İyi, İyi Demektir

Çoğu insan iyi ya da kötü hissetmenin ne olduğunu anlar ama hayatlarının büyük bir kısmında olumsuz duygularla yaşadıklarının farkına varmazlar. İnsanlar kötü hissetmeyi hüzün, ıstırap, öfke ya da korku gibi abartılı olumsuz duygular taşımak sanır. Evet, kötü hissetmek bunların hepsini kapsar ama olumsuz duyguların bir sürü kademesi vardır.

Eğer çoğu zaman fena hissetmiyorsanız fena hissetmemenin olumlu bir duygu olduğunu düşünebilirsiniz çünkü kötü hissetmiyorsunuzdur. Eğer bir ara kendinizi gerçekten kötü hissettiyseniz ve şimdi fena değilseniz, fena olmamak kötü hissetmekten iyidir tabii. Ama çoğu zaman fena olmamak olumsuz bir duygudur çünkü fena olmamak iyi hissettiğiniz anlamına gelmez. İyi hissetmek, iyi hissetmek demektir! İyi hissettiğinizde mutlu, neşeli, heyecanlı, coşkulu ya da tutkulusunuzdur. Fena hissetmediğinizde ise ortalama bir his içindesinizdir ya da fazla bir şey hissetmiyorsunuzdur. O zaman hayatınız da sıradan ve ortalama olur! Bu iyi bir hayat değildir. İyi duygular gerçekten iyi hissettiğiniz anlamına gelir ve iyi hissetmek size iyi bir hayat getirir!

"Sevginin ölçüsü ölçüsüz sevgidir."

Clairvauxlu Aziz Bernard (1090-1153)

HIRİSTİYAN KEŞİŞ VE ERMİŞ

Neşeli olduğunuzda neşe verirsiniz ve gittiğiniz her yerde eğlenceli tecrübeler edinirken, eğlenceli durumlar ve eğlenceli insanlarla karşılaşırsınız. Radyoda en sevdiğiniz parçanın çalması gibi küçük sevinçlerden, zam almanız gibi büyük sevinçlere dek yaşadığınız her olay, çekim yasasının neşeli hissetmenize verdiği tepkidir. Sinirliyken öfke saçarsınız ve gittiğiniz her yerde sinir bozucu tecrübeler, sinir bozucu durumlar ve sinir bozucu insanlarla karşılaşırsınız. Bir sivrisineğin verdiği küçük rahatsızlıktan arabanızın yolda kalması gibi daha sinir bozucu durumlara dek yaşadığınız her olay, çekim yasasının sinirli hissetmenize verdiği tepkidir.

Her iyi duygu sizi sevginin gücüyle birleştirir çünkü sevgi tüm iyi duyguların kaynağıdır. Coşku, heyecan ve tutku hisleri sevgiden gelir ve içlerinden birini sürekli hissettiğinizde size coşku, heyecan ve tutkuyla dolu bir hayat sunar.

İyi bir hissin gücünü dolu dolu kullanmak istiyorsanız sesini açmalısınız. Bir duygunun sesini açmak için onun kontrolünü ele geçirin ve bilerek, isteyerek yoğunlaştırın. Coşkuyu artırmak için o coşkudan zevk alın, yoğun bir şekilde hissedebilmek için o duyguyu sonuna kadar sağın! Tutku ya da heyecan hissettiğinizde o duygulardan zevk alın ve onları elinizden geldiğince derinleştirip yoğunlaştırın. İyi duygularınız arttıkça daha fazla sevgi verirsiniz ve hayatınızda olağanüstü sonuçlar alırsınız.

İyi bir duygu hissettiğinizde onu sevdiğiniz şeyleri düşünerek artırabilirsiniz. Her gün bu kitabı yazmadan önce birkaç dakikamı, bazen daha fazlasını, iyi duygularımı artırmaya ayırdım. İyi duygularımı artırmak için de sevdiğim şeyleri düşündüm. Onları arka arkaya sıraladım: Ailem, arkadaşlarım, evim, bahçedeki çiçekler, hava, renkler, durumlar, olaylar ve hafta, ay ya da yıl boyunca hoşuma gidenler. Kendimi harika hissedinceye kadar zihnimde sevdiklerimi listelemeye devam ettim. Sonra yazmaya başladım. İşte iyi duygularınızı artırmanız bu kadar kolay ve bunu her yerde, her zaman yapabilirsiniz.

Duygularınız Verdiklerinizin Aynasıdır

Hayatınızdaki temel konulara ağırlıklı olarak iyi hisler mi, yoksa kötü hisler mi yönelttiğinizi hemen şimdi anlayabilirsiniz. Para, sağlık, iş ya da özel ilişkiler gibi konularda nasıl *hissettiğiniz* her bir konuda sizin verdiklerinizin yansımasıdır.

Parayı düşündüğünüzdeki hisleriniz parayla ilgili ne verdiğinizi yansıtır. Eğer parayı düşünürken yeterince paranız olmadığı için kendinizi kötü hissediyorsanız, parasızlıkla ilgili olumsuz durum ve tecrübelerle karşılaşırsınız. Çünkü olumsuz bir his veriyorsunuz.

İşinizi düşündüğünüzdeki hisleriniz işiniz konusunda ne verdiğinizi söyler. İşiniz konusunda iyi hissediyorsanız, işinizle ilgili olumlu durum ve tecrübelerle karşılaşırsınız. Çünkü olumlu bir his veriyorsunuz. Ailenizi, sağlığınızı ya da sizin için önemli herhangi bir konuyu düşündüğünüzde hissettikleriniz size bu alanlara ne verdiğinizi söyler.

> *"Ruh halinize ve hislerinize dikkat edin çünkü hisleriniz ile görünen dünyanız arasında kopmaz bir bağ vardır."*

Neville Goddard (1905-1972)

Yeni Düşünce yazarı

Hayat başınıza gelmez, hayat size *karşılık verir*. Hayat sizin çağrınızdır! Hayatınızın her alanı çağrınızdır. Hayatınızın yaratıcısı sizsiniz. Hayat hikayenizin yazarısınız. Hayat filminizin yönetmenisiniz. Hayatınızın nasıl olacağına siz karar verirsiniz. Dışarı verdiklerinizle.

İyi hislerin bir sınırı yok, yani bunun karşılığında hayatta ulaşabileceğiniz zirvelerin de bir sonu yok. Kötü hislerin de kademeleri vardır ve giderek daha negatif hale gelebilirler ama kötü hisler söz konusu olduğunda daha fazlasını kaldıramayacağınız bir nokta gelir ve bu sizi yine iyi duyguları seçmeye zorlar.

İyi hislerin harika hissettirmesi, kötü hislerin gerçekten kötü hissettirmesi bir rastlantı değildir. Sevgi, hayatın en üstün yönetici gücüdür, sizi iyi duygularınız aracılığıyla çeker ve hakettiğiniz hayatı yaşarsınız. Sevgi sizi kötü hisleriniz aracılığıyla da çağırır çünkü size hayatın olumlu gücünden koptuğunuzu söyler.

Her Şey Nasıl Hissettiğinize Bağlı

Hayattaki her şey nasıl hissettiğinize bağlı. Hayatınızda aldığınız her karar nasıl hissettiğinize dayanır. Hayatınızın tek harekete geçirici gücü hislerinizdir!

Hayatınızda istediğiniz her şeyi onu sevdiğiniz için ve size iyi hissettireceği için istersiniz. Hayatınızda istemedikleriniz size kendinizi kötü *hissettirenlerdir*.

Sağlık istersiniz çünkü sağlıklı olmak iyi hissettirir ve hasta olmak kötü hissettirir. Para istersiniz çünkü sevdiğiniz şeyleri satın almak ve yapmak iyi hissettirir ve bunu yapamadığınızda kötü hissedersiniz. Mutlu ilişkiler istersiniz çünkü size kendinizi iyi hissettirirler ve zor ilişkiler kötü hissettirir. Mutluluk istersiniz çünkü mutluluk iyi hissettirir, mutsuzluk kötü.

İstediğiniz her şey için size verecekleri iyi duyguları düşünerek motive olursunuz! Öyleyse istediğiniz iyi şeylere nasıl kavuşursunuz? Tabii ki iyi duygularla! Para sizi istiyor. Sağlık sizi istiyor. Mutluluk sizi istiyor. Sevdiğiniz her şey sizi istiyor! Hayatınıza gelmeye can atıyorlar ama size gelebilmeleri için iyi duygular vermelisiniz. Hayatınızın şartlarını değiştirmek için savaşmanıza, mücadele etmenize gerek yok. Tek yapmanız gereken iyi duygular aracılığıyla sevgi vermek. O zaman istekleriniz gerçekleşecek!

İyi duygularınız sevginin gücünü kullanır. Hayattaki tüm iyi şeylere ulaşmanızı sağlayan gücü... İyi duygularınız istediklerinize kavuşmanın yolunun bu olduğunu söyler. İyi duygularınız iyi hissettiğinizde hayatınızın iyi olacağını söyler! Ama önce iyi duygular vermelisiniz!

Eğer hayatınızı "daha iyi bir evim olursa mutlu olurum, daha iyi bir işim olursa ya da terfi edersem mutlu olurum, çocuklar üniversiteyi bitirirse mutlu olurum, daha çok param olursa mutlu olurum, seyahat edebilirsem mutlu olurum ya da işim başarıya ulaşırsa mutlu olurum" diye geçiriyorsanız bunlara asla kavuşamazsınız. Çünkü düşünceleriniz sevginin işleyiş tarzına karşı gelir. Çekim yasasına karşı gelirler.

Sevdiklerinizi *almak* için önce mutlu olup sevgi *vermelisiniz*! Başka türlüsü mümkün değildir. Hayatta ne *almak* istiyorsanız önce *vermelisiniz*! Duygularınızın kontrolü elinizde, sevginizin kontrolü elinizde ve sevginin gücü size tüm verdiklerinizi geri verecek.

ÖZET GÜÇ

- *Siz, özünüzde hisseden bir varlıksınız. Herhangi bir anda ne hissettiğiniz diğer her şeyden daha önemlidir çünkü şu anda hissettikleriniz hayatınızı yaratır.*

- *Hayattaki her şey nasıl hissettiğinizle ilgili. Düşüncelerinizle kelimelerinize güç veren hislerinizdir.*

- *Tüm iyi duygular sevgiden gelir! Tüm olumsuz duyguların ise nedeni sevgisizliktir.*

- *İyi bir hissin gücünü dolu dolu kullanmak istiyorsanız sesini açmalısınız. Bir duygunun sesini açmak için onun kontrolünü ele geçirin ve bilerek, isteyerek onu yoğunlaştırın.*

- *İyi duygularınızı artırmak için sevdiğiniz şeyleri düşünün. Onları arka arkaya sıralayın. Kendinizi harika hissedene dek zihninizde sevdiğiniz şeyleri listelemeye devam edin.*

- *Hayatınızdaki her konuda nasıl hissettiğiniz o konularda verdiklerinizin tıpatıp yansımasıdır.*

- *Hayat başınıza gelmez, hayat size karşılık verir! Hayatınızın her alanı sizin çağrınızdır ve o çağrıyı verdiklerinizle yaparsınız.*

- *Sevgi hayatın en üstün yönetici gücüdür, sizi iyi duygularınız aracılığıyla çeker. Hakettiğiniz hayatı yaşarsınız.*

- *İstediğiniz her şey sizi istiyor! Para sizi istiyor. Sağlık sizi istiyor. Mutluluk sizi istiyor.*

- *Hayatınızın şartlarını değiştirmek için mücadele etmeyin. İyi duygular aracılığıyla sevgi verin yeter. O zaman istekleriniz gerçekleşecek!*

- *Önce iyi duygular vermelisiniz. Sevdiklerinizi almak için önce mutlu olup sevgi vermelisiniz! Hayatta ne almak istiyorsanız önce vermelisiniz!*

DUYGU FREKANSLARI

Bir Şeyi Hissedebiliyorsanız, Onu Alabilirsiniz

Evrendeki her şey manyetiktir ve manyetik bir frekansa sahiptir. Duygularınızla düşüncelerinizin de manyetik frekansları vardır. İyi duygular olumlu frekanstasınız demektir. Kötü duygular olumsuz frekanstasınız demektir. Ne hissederseniz hissedin, iyi ya da kötü, frekansınızı belirler. Böylece aynı frekanstaki insanları, olayları ve durumları bir mıknatıs gibi kendinize çekersiniz!

Coşkulu hissediyorsanız coşku frekansınız coşkulu insanları, durumları ve olayları çeker. Korkuyorsanız korku frekansınız korku içindeki insanları, korku verici olayları ve durumları çeker. Frekansınız konusunda asla yanılgıya düşemezsiniz çünkü frekansınız tam olarak ve kesinkes ne hissettiğinizdir! Duygularınızı değiştirerek frekansınızı ve etrafınızdaki her şeyi değiştirebilirsiniz, çünkü yeni bir frekanstasınızdır.

Hayatınıza her durumu ve o durumun olası sonuçlarını alabilirsiniz. Herhangi bir sonuç gerçekleşebilir çünkü o durum hakkında herhangi bir hissiniz olabilir!

Bir ilişki mutlu, neşeli, heyecanlı, tatmin edici ve tüm iyi duyguların frekansında olabilir. Bir ilişki sıkıcı, boğucu, endişe ve pişmanlık verici, kasvetli ve tüm kötü duyguların frekansında da olabilir. O ilişkinin her türlü sonucu olabilir! Ve nasıl hissettiğiniz o ilişkide tam olarak neler olacağına karar verir. İlişkiye hangi duyguları veriyorsanız tıpatıp aynılarını geri alırsınız. Eğer ilişki konusunda çoğunlukla mutluysanız o ilişki vasıtasıyla mutluluk almalısınız çünkü içinde bulunduğunuz frekans o.

"Bir hissin değişimi kaderin değişimidir."

Neville Goddard (1905-1972)

Yeni Düşünce yazarı

Duygu frekanslarının listesine göz atın. Hayatınızdaki tüm konularda pek çok değişik duygu frekansı olduğunu göreceksiniz. Ve duygularınız aracılığıyla her konunun sonucunu belirleyebilirsiniz!

Para konusunda heyecan, mutluluk, coşku, umut, endişe, korku ya da karamsarlık hissedebilirsiniz. Sağlığınız konusunda sevinç, tutku, minnet, cesaretsizlik ya da kaygı

sevgi
minnet
mutluluk
tutku
heyecan
coşku
umut
tatmin
sıkıntı
rahatsızlık
hayalkırıklığı
endişe
yergi
öfke
nefret
kıskançlık
suç
keder
korku

hissedebilirsiniz. Bunların hepsi farklı duygu frekanslarıdır ve hangi frekanstaysanız onu alırsınız.

Seyahat etmek istiyor olabilirsiniz ama seyahat edecek paranız olmadığı için hayal kırıklığı hissederseniz seyahat konusunda da hayal kırıklığına uğrarsınız. Hayal kırıklığı hissetmeniz hayal kırıklığı frekansında olduğunuz anlamına gelir ve duygularınızı değiştirene dek seyahat konusunda olumsuz durumlar yaşamayı sürdürürsünüz. Sevginin gücü seyahat etmeniz için gereken tüm şartları harekete geçirecek ama bunu almanız için olumlu duygu frekanslarının birinde olmalısınız.

Bir durumla ilgili duygularınızı değiştirirseniz farklı bir duygu verirsiniz ve farklı bir duygu frekansına geçersiniz. O zaman söz konusu durum yeni frekansınızı yansıtmak için değişmek *zorundadır*. Eğer hayatınızda olumsuz bir şey olduysa onu değiştirebilirsiniz. Asla çok geç değildir çünkü her zaman duygularınızı değiştirebilirsiniz. Sevdiklerinizi almak, herhangi bir şeyi seveceğiniz bir şeye dönüştürmek için, konu her ne olursa olsun, *tek* yapmanız gereken nasıl hissettiğinizi değiştirmektir!!

> *"Evrenin sırlarını keşfetmek istiyorsanız evreni enerji, frekans ve titreşime dayalı olarak düşünün."*
>
> Nikola Tesla (1856-1943)
>
> RADYONUN VE DALGALI AKIMIN MUCİDİ

Duygularınızı Otomatik Pilottan Çıkarın

Çoğu insan duyguların gücünden habersizdir ve bu yüzden duyguları, yaşadıkları olaylara karşı verdikleri tepkiden ibarettir. Duygularını kontrol altına almak yerine otomatik pilota bağlamışlardır. İyi bir şey olduğunda iyi hissederler. Kötü bir şey olduğunda kötü hissederler. Başlarına gelenlerin sebebinin duyguları olduğunu fark etmezler. Yaşanan bir şeye olumsuz duygularla tepki gösterdiklerinde daha çok olumsuz duygu verirler ve karşılığında daha çok olumsuz duygu alırlar. Kendi duygularının oluşturduğu kısır döngünün içinde hapsolurlar. Hayatları o döngüde devam eder ve tıpkı tekerlekteki bir fare gibi hiçbir yere varamazlar çünkü hayatlarını değiştirmek için duygu frekanslarını değiştirmeleri gerektiğini anlamazlar!

> ***"Önemli olan size ne olduğu değil, sizin ona nasıl tepki verdiğinizdir."***
>
> Epiktetos (55-135)
>
> YUNAN FİLOZOF

Yeterince paranız yoksa doğal olarak para konusunda iyi hissetmezsiniz ama bu olumsuz hisleriniz sürdükçe de hayatınızdaki para asla değişmez. Para konusunda olumsuz hisler veriyorsanız para konusunda olumsuz bir frekanstasınız demektir ve karşılığında yüklü faturalar ya da maddi çöküntüler gibi paranızı iyice tüketecek durumlarla karşılaşırsınız. Yüklü bir faturaya olumsuz duygularla tepki verirseniz parayla ilgili daha çok olumsuz his yayarsınız ve paranızı tüketecek daha da olumsuz şartlarla karşılaşırsınız.

Her bir an hayatınızı değiştirmeniz için bir fırsattır çünkü her an ne hissettiğinizi değiştirebilirsiniz. Daha önceki hislerinizin önemi yok. Yaptığınızı düşündüğünüz hataların önemi yok. Hislerinizi değiştirdiğinizde farklı bir frekansa geçersiniz ve çekim yasası size anında cevap verir! Duygularınızı değiştirdiğinizde geçmiş silinir! Duygularınızı değiştirirseniz hayatınız değişir.

"Bir dakikanızı bile pişmanlıkla harcamayın. Geçmişteki hataları hissederek düşünmek kendinizi yeniden zehirlemektir."

Neville Goddard (1905-1972)

YENİ DÜŞÜNCE YAZARI

Sevginin Gücü İçin Bahane Yok

Hayatınız sevdiğiniz şeylerle dolu değilse, bu iyi ve sevgi dolu bir insan olmadığınız anlamına gelmez. Her birimizin hayat amacı sevgiyi seçerek olumsuzluğu yenmektir.

Asıl sorun, çoğu insanın gün içinde yüz kere sevip sonra sevmekten vazgeçmesidir. Sevgiyi, sevginin gücünün hayatlarına iyi şeyleri getirmesine yetecek kadar uzun süre vermezler. Bir düşünün: Bir an sevdiğiniz birine sarılarak sevgi veriyorsunuz, sonra bir anda anahtarlarınızı kaybettiğiniz, trafikte kaldığınız ya da park yeri bulamadığınız için sinir olup sevgi vermekten vazgeçiyorsunuz. Bir iş arkadaşınızla güldüğünüzde sevgi veriyorsunuz, sonra öğle yemeği yediğiniz restoranda canınızın çektiği yemek kalmadığı için hayal kırıklığına uğrayıveriyorsunuz. Hafta sonunu beklerken sevgi veriyorsunuz, faturalar geldiğinde o sevgiden vazgeçiyorsunuz. Bu böyle devam ediyor. Kah sevgi veriyorsunuz kah vazgeçiyorsunuz.

Ya sevgi veriyorsunuz ve sevginin gücünü kullanıyorsunuz ya da bunu yapmıyorsunuz. Neden sevmediğinizle ilgili bahaneler bulmakla sevginin gücünü kullanamazsınız. Bahaneler ve neden sevmediğinizle ilgili kendinizi haklı çıkarma gayreti, hayatınıza daha çok olumsuzluk ekler. Neden sevmediğinizle ilgili bir bahane bulduğunuzda aynı olumsuzluğu tekrar hissedip daha fazlasını verirsiniz!

> *"Öfkeye sırt dayamak, birine fırlatmak için elinizde kızgın kömür tutmaktan farksızdır. Yanan siz olursunuz."*

Gautama Buddha (M.Ö. 563-483)

BUDİZMİN KURUCUSU

Diyelim ki bir randevunuz karıştı ve sinirlenip bu karışıklık için başka birini suçladınız. Bu durumda suçlamayı sevgi vermemek için bir bahane olarak kullanırsınız. Ama çekim yasası sadece sizin verdiğinizi alır ve birini suçlarsanız kendi hayatınızda da suçlamalarla karşılaşırsınız. İlle de sizin suçladığınız insandan gelmesi gerekmez ama kesinlikle suçlandığınız bir durumla karşılaşırsınız. Sevginin gücü için bahane yoktur. Verdiğinizi alırsınız. Nokta.

En Küçük Şey Bile Dahil

Suçlama, eleştiri, hata bulma ve şikayet etme... Hepsi de olumsuzluğun değişik şekilleridir. Hepsi çekişmeyi beraberinde getirir. En ufak şikayetinizde ve eleştirinizde olumsuzluk verirsiniz. Hava, hükümet, eşiniz, çocuklarınız, anne babanız, ekonomi, yemek, vücudunuz, işiniz, müşterileriniz, fiyatlar, gürültü ya da aldığınız bir hizmet konusunda şikayet etmek önemsiz görünebilir ama hepsi beraberinde bir sürü olumsuzluk getirir.

İğrenç, berbat, korkunç, rezalet gibi sözcükleri lügatinizden çıkarın çünkü bu kelimeler güçlü duygularla gelir. Onları söylediğinizde mutlaka size geri dönerler. Bu da bu etiketleri hayatınıza siz yapıştırıyorsunuz demektir! *Şahane, süper, muhteşem, harika* gibi sözcükleri daha çok kullanmak sizce de iyi bir fikir değil mi?

Sevdiğiniz ve istediğiniz her şeyi elde edebilirsiniz ama sevgiyle uyumlu olmalısınız ve bunun anlamı da sevgi vermemek için hiçbir bahanenizin olmadığı. Bahaneler ve haklı çıkma gayreti, istediğiniz şeylere ulaşmanızı engeller ve sizi muhteşem bir hayattan mahrum bırakır.

"Başkalarının hayatlarına gönderdiklerimiz kendi hayatımıza geri gelir."

Edwin Markham (1852-1940)

ŞAİR

Bir satış görevlisine öfkelenmeniz ile birkaç saat sonra komşunuzdan köpeğinizin havlamasıyla ilgili bir şikayet telefonu almanız arasında bağ kurmazsınız. Öğle yemeğinde buluştuğunuz arkadaşınızla ortak bir arkadaşınızı çekiştirdikten sonra işyerinde önemli bir müşterinizle sorun yaşamanız arasında bağ kurmazsınız. Akşam yemeğinde haberlerdeki bir şeyle ilgili olumsuz konuşmanız ile gece mide ağrısından uyuyamamanız arasında bağ kurmazsınız.

Sokakta yere bir şey düşüren bir insana yardım etmek için durmanız ile on dakika sonra market kapısının önünde park yeri bulmanız arasında bağ kurmazsınız. Akşam çocuğunuzun ödevine seve seve yardım etmeniz ile ertesi gün vergi iadesinin beklediğinizden fazla gelmesi arasında bağ kurmazsınız. Bir arkadaşınıza iyilik etmeniz ile aynı hafta patronunuzun size iki maç bileti ya da konser davetiyesi vermesi arasında bağ kurmazsınız. Oysa hayatınızın her anında verdiğinizi geri alırsınız. Siz arada bir bağ kursanız da kurmasanız da.

> *"Hiçbir şey dışarıdan gelmez. Her şey içinizden gelir."*
>
> Neville Goddard (1905-1972)
>
> Yeni Düşünce yazarı

Dönüm Noktası

Eğer düşüncelerinizin yüzde ellisinden fazlası olumsuz değil, olumluysa dönüm noktasına gelmişsiniz demektir. Sadece yüzde elli bir iyi düşünce ve iyi duygu verseniz bile hayatınızın akışını değiştirirsiniz! İşte sebebi:

Verdiğiniz sevgi size sadece sevdiğiniz olumlu durumlar olarak dönmez, dönerken hayatınıza daha çok sevgi ve olumluluk katar! Bu yeni olumluluk daha çok olumlu şeyi çeker ve hayatınıza *daha çok* sevgi ve olumluluk katar ve bu böyle devam eder. Her şey manyetiktir ve size iyi bir şey geldiğinde, tıpkı bir mıknatıs gibi daha çok iyi şeyi çeker.

Belki bunu daha önce yaşamışsınızdır. Hani bazen "Bugün benim şanslı günüm," deriz ya. O gün birbiri ardına sürekli iyi şeyler olmuştur. Aslında bunların tek sebebi olumsuzluktan çok sevgi vermeniz ve o sevginin size dönerken hayatınıza daha çok sevgi eklemesi ve daha iyi şeyleri çekmesidir.

Tersini de yaşamış olabilirsiniz. Bir şey ters gitti mi diğer her şey de sırayla ters gitmeye başlar. Bunun nedeni sevgiden daha çok olumsuzluk vermenizdir. O olumsuzluk size döner, hayatınıza daha çok olumsuzluk katar ve daha çok olumsuzluğu çekersiniz. Böyle dönemler için "Şanssızlığım üzerimde," dersiniz ama bunun şansla bir ilgisi yoktur. Çekim yasası hayatınızda kusursuz bir şekilde işliyordur ve o dönemler, iyi ya da kötü, verdiğiniz sevgi ve olumsuzluk oranlarının yansımasıdır. Şansınızın bir noktada dönmesinin tek nedeni duygularınızdaki dengeleri değiştirmenizdir.

"Böylece güzel bir hayat sürebilir ve tüm kötülüklerden sonsuza kadar korunabilirsiniz. Ancak bu şekilde bereket ve uyumu kendinize çeken olumlu bir güce dönüşebilirsiniz."

Charles Haanel (1866-1949)

YENİ DÜŞÜNCE YAZARI

Hayatınızı değiştirmek için tek yapmanız gereken, iyi duygu ve düşünceleriniz aracılığıyla yüzde elli bir sevgi vermek. Olumsuzluk yerine sevgi verdiğiniz dönüm noktasına vardınız mı çekim yasası sayesinde sevgi çoğalarak size geri dönecek. Birden hayatınızdaki iyi şeylerin ivme kazandığını ve çoğaldığını göreceksiniz! Olumsuz şeylerin yerine hayatınızın her alanında iyi şeyler size geri dönecek ve giderek artacak. Ve işte sizin hayatınız aynen böyle olmalı.

Her sabah uyandığınızda gününüzün dönüm noktasındasınız. Bir yol sizi iyi şeylerle dolu, harika bir güne götürecek, diğeri problemlerle dolu kötü bir güne. Gününüzün nasıl geçeceğini belirleyen sizsiniz. Duygularınızla! Ne düşünüyorsanız onu verirsiniz ve gün içinde nereye giderseniz gidin kesinlikle onu alırsınız.

Gününüze mutlu başlar ve mutlu hissetmeye devam ederseniz o gün muhteşem geçer! Ama gününüze kötü bir ruh haliyle başlar ve bunu değiştirmek için bir şey yapmazsanız o gün hiç de muhteşem geçmez.

Bir günlük iyi duygular sadece gününüzü değiştirmez, yarınınızı ve tüm hayatınızı değiştirir! İyi duygularınızı korumayı başarır ve iyi hissederek uyursanız ertesi güne iyi duygularınız artmış olarak başlarsınız. Elinizden geldiğince iyi hissetmeye devam ederseniz iyi duygularınız çekim yasası sayesinde çoğalmaya devam eder ve hayatınız daha iyi bir hale gelir.

"Bugünü yaşa. Dünü değil. Yarını değil. Sadece bugünü. Anlarını yaşa. Onları yarına bırakma."

Jerry Spinelli (D. 1941)

ÇOCUK KİTAPLARI YAZARI

Çoğu insan bugünü yaşamaz. Gelecek onları yiyip bitirir. Oysa geleceği yaratan ***bugünü*** nasıl yaşadığımızdır. Önemli olan ***bugün*** ne hissettiğinizdir çünkü geleceğinizi belirleyen ***tek şey*** odur. Her gün yeni bir hayat için fırsattır çünkü her gün hayatınızın dönüm noktasında durursunuz. Ve herhangi bir gün geleceğinizi değiştirebilirsiniz. Hislerinizle. Terazinin kefesinde iyi duygularınız ağır basarsa, sevginin gücü hayatınızı öyle bir hızla değiştirir ki, inanamazsınız.

ÖZET GÜÇ

- *Evrendeki her şey manyetiktir ve her şeyin manyetik bir frekansı vardır.*
- *Ne hissederseniz hissedin, iyi ya da kötü, hisleriniz frekansınızı belirler ve aynı frekanstaki insanları, olayları ve durumları bir mıknatıs gibi kendinize çekersiniz.*
- *Her an duygularınızı değiştirerek frekansınızı değiştirebilirsiniz. O zaman etrafınızdaki her şey değişecek çünkü yeni bir frekansa geçeceksiniz.*
- *Eğer hayatınızda olumsuz bir şey olduysa onu değiştirebilirsiniz. Asla çok geç değildir çünkü her zaman duygularınızı değiştirebilirsiniz.*
- *Çoğu insan duygularını otomatik pilota bağlar. İyi bir şey olduğunda iyi hissederler, kötü bir şey olduğunda kötü hissederler. Yaşadıklarının sebebinin duyguları olduğunu fark etmezler.*
- *Para, sağlık, ilişkiler ya da başka herhangi bir alanda bir şeyi değiştirmek için duygularınızı değiştirmelisiniz.*
- *Suçlama, eleştiri, kusur bulma ve şikayet, olumsuzluk çeşitleridir ve hepsi de hayatlarınıza sadece sıkıntı getirir.*

- *Kelime dağarcığınızdan korkunç, berbat, iğrenç ve rezil gibi kelimeleri çıkarın. Harika, müthiş, muhteşem, şahane ve harikulade gibi kelimeleri daha çok kullanın.*

- *Sadece yüzde 51 iyi düşünce ve iyi duygu verseniz bile hayatınızın akışını değiştirirsiniz.*

- *Her gün, yeni bir hayat için fırsattır çünkü her gün hayatınızın dönüm noktasında durursunuz. Ve herhangi bir gün geleceğinizi değiştirebilirsiniz. Hislerinizle.*

GÜÇ VE YARATIM

"Hayatın her anı sonsuz yaratıcılık barındırır ve evrenin cömertliğinin sınırı yoktur. İsteğinizi olabildiğince net biçimde ortaya koyun ve kalbinizin tüm dilekleri size gelsin."

Shakti Gawain (D. 1948)

YAZAR

Bu ve gelecek bölümlerde para, sağlık, ilişkiler, kariyer, iş ya da istediğiniz herhangi bir konuda sevginin gücünden yararlanmanızı sağlayacak en güçlü araçları nasıl kullanacağınızı öğreneceksiniz. Bu bilgiyle hayatınızı istediğiniz şekle dönüştürebileceksiniz.

Belirli bir isteğinizi size getirmek için Yaratım Sürecinin basit adımlarını izleyin. İstediğiniz bir şeyi size getirmek ya da istemediğiniz bir şeyi değiştirmek için yapmanız gerekenler aynıdır.

Yaratım Süreci

Hayal edin. Hissedin. Alın.

1. HAYAL EDİN

Yoğunlaşmak için zihninizi kullanın ve istediğinizi hayal edin. Kendinizi istediğinizle hayal edin. Kendinizi istediğiniz şeyi yaparken hayal edin. Kendinizi istediğinizi elde etmiş olarak hayal edin.

2. HİSSEDİN

Hayal ederken aynı zamanda da hayal ettiğiniz şeye karşı sevgi hissetmelisiniz. İstediğinizle *olduğunuzu* hayal etmeli ve hissetmelisiniz. İstediğiniz şeyi yaptığınızı hayal etmeli ve hissetmelisiniz. İsteğinize kavuştuğunuzu hayal etmeli ve hissetmelisiniz.

Hayal gücünüz isteğiniz ile aranızda bir bağ kurar. Arzunuz ve sevgi hisleriniz, isteğinizi size çeken bir manyetik güç yaratır! Yaratım Sürecinde yapmanız gereken tek şey bu.

3. ALIN

Sevginin gücü doğanın görünen ve görünmeyen güçleri aracılığıyla sizi isteğinize kavuşturacak. Durumları, olayları ve insanları kullanarak size istediğinizi verecek.

İstediğinizi tüm kalbinizle arzulamalısınız. Arzu sevgidir ve eğer kalbinizde yanan bir arzu yoksa sevginin gücünü kullanmaya gücünüz yetmez. İstediğinizi gerçekten arzulamalısınız. Tıpkı bir sporcunun spor yapmak istemesi, bir dansçının dans etmek istemesi, bir ressamın resim yapmak istemesi gibi... İsteğinizi tüm kalbinizle arzulamalısınız çünkü arzu da sevgi hissine dahildir ve sevdiğinizi almak için sevgi vermelisiniz.

Hayatınızda ne olmak istiyorsanız, ne yapmak istiyorsanız, neyi elde etmek istiyorsanız, Yaratım Süreci hep aynı şekilde işler. Sevgi almak için sevgi verin. Hayal edin. Hissedin. Alın.

Yaratım Sürecini kullanırken istediğinizi elde ettiğinizi hayal edip hissedin ve asla bilincinizden ve bugünden kopmayın. Neden mi? Çünkü çekim yasası verdiklerinizi kopyalar. Dolayısıyla onu şimdi elde ettiğinizi hayal edip hissetmelisiniz!

Kilo vermek istiyorsanız, her gün fazlasıyla kilolu olduğunuzu hayal edip hissetmek yerine kendinizi seveceğiniz vücudun içinde hayal edip hissederek sevgi verin. Seyahat etmek istiyorsanız, seyahat edecek paranız olmadığını düşünmek yerine kendinizi seyahat ederken hayal edip hissederek sevgi verin. Kendinizi bir spor dalında, oyunculukta, şarkı söylemekte, bir müzik aleti çalmakta, başka bir hobide ya da işinizde geliştirmek istiyorsanız, kendinizi bu alanlarda olmak istediğiniz yerde hayal edip hissederek sevgi verin. Daha iyi bir evlilik ya da daha iyi bir ilişki istiyorsanız, öyle bir ilişkinin nasıl olacağını hayal edip hissederek sevgi verin.

"İnanç henüz görmediğine inanmaktır ve inancın ödülü inandığını görmektir."

Hippolu Aziz Augustine (354-430)
İLAHİYATÇI VE PİSKOPOS

Yaratım Süreciyle çalışmaya başladığınızda önce sıra dışı bir şeyi kendinize çekme isteği duyabilirsiniz. Çünkü sıra dışı bir şeyi çektiğinizde gücünüz konusunda şüpheniz kalmaz.

Genç bir kadın özel bir çiçeği, beyaz bir arum zambağını çekmeyi tercih etti. Kendini çiçeği elinde tutarken, dokusunu hissederken, onu koklarken hayal etti ve bir arum zambağına sahip olduğunu hissetti. İki hafta sonra bir arkadaşının evine akşam yemeğine gitti ve masanın ortasında tam da hayal ettiği ve hissettiği gibi bir buket arum zambağı vardı. Zambakları görünce heyecanlandı ama arkadaşına hayali çiçeğiyle ilgili bir şey söylemedi. Akşamın sonunda tam kapıdan çıkacakken arkadaşının kızı birdenbire vazodan bir zambak alıp ona verdi!

"Hayal etmek yaratmanın başlangıcıdır. Arzuladığını hayal edersin, hayal ettiğini istersin ve sonunda istediğini yaratırsın."

George Bernard Shaw (1856-1950)
NOBEL ÖDÜLLÜ OYUN YAZARI

Ver – Al

Unutmayın, çekim yasası ne verirsen onu alırsın der. Çekim yasasını bir ayna, yankı, bumerang ya da fotokopi makinesi gibi hayal etmeniz, hayallerinizle hislerinizi netleştirmenize yardımcı olur. Çekim yasası bir ayna gibidir çünkü aynalar karşısındakini aynı şekilde yansıtır. Çekim yasası bir yankı gibidir çünkü yankı size aynı şekilde döner. Çekim yasası bir bumerang gibidir çünkü bir bumerangı havaya fırlattığınızda size geri gelir ve yine o bumerangdır. Çekim yasası fotokopi makinesi gibidir çünkü verdiğiniz şey aynı şekilde kopyalanır ve size geri döner.

Birkaç yıl önce iş için Paris'teydim ve bir gün sokakta yürürken yanımdan bir kadın geçti. Hayatımda gördüğüm en güzel eteklerden birini giyiyordu. Tam Paris tarzıydı. Tepkim sevgiydi: "Ne güzel bir etek!"

Birkaç hafta sonra Avustralya, Melbourne'de mutlu mesut işe gidiyordum ki birden durmak zorunda kaldım çünkü başka bir şoför bir kavşakta trafik kurallarına aykırı bir U dönüşü yapmaya çalışıyordu. Durmak zorunda kaldığım yerde gözüm bir mağazaya takıldı. Vitrinde Paris sokaklarında gördüğüm kadının üzerindeki etek duruyordu. Gözlerime inanamadım. İşe gittiğimde mağazayı aradım ve bana Avrupa'dan o modelde tek bir etek geldiğini söylediler ve o da vitrindekiydi. Tabii etek benim bedenimdeydi. Eteği almak için mağazaya gittiğimde indirimde olduğunu, yarı fiyatına satıldığını gördüm. Mağaza görevlisi bana o eteği aslında sipariş etmediklerini, siparişlerinin arasına yanlışlıkla karıştığını söyledi!

Eteği bana getirmek için tek yaptığım onu sevmekti ve Paris'ten bir Avustralya banliyösüne benim için geldi. İşte sevginin manyetik gücü! Ve sevginin çekim yasasının kanıtı.

Hayal Gücü

"Bu dünya hayallerimiz için bir tuval."

Henry David Thoreau (1817-1862)

DENEYÜSTÜCÜ YAZAR

İstediğiniz ve sevdiğiniz olumlu bir şeyi düşündüğünüzde sevginin gücünü kullanırsınız. Olumlu, iyi bir şey hayal ettiğinizde ve onun için sevgi duyduğunuzda, verdiğiniz şey sevgidir ve karşılığında yine sevgi alırsınız. Eğer onu hayal edip hissederseniz elde edersiniz. Ama hayal ettiğiniz şey sevgiden beslenmeli!

Hayalleriniz başka bir insana zarar vermemeli. Başka birini incitecek bir şeyi hayal etmek sevgiden değil sevgisizlikten gelir. Ve olumsuzluk, hayalde bile olsa, onu gönderen insana eşit şiddette geri döner. Ne verirseniz onu alırsınız!

Size sevginin gücü ve hayal gücünüz hakkında olağanüstü bir şey söylemek istiyorum. Mümkün olacağını düşündüğünüz en iyi, en harika şey bile sevginin gücünün size verebilecekleri yanında hiç kalır. Sevginin sınırı yoktur! Hayat dolu, mutlu ve neşeli olmak istiyorsanız, sevginin gücü size şimdiye dek tanık olduklarınızdan çok daha öte bir sağlık ve mutluluk verebilir. Bunu hayal gücünüzün sınırlarını aşabilesiniz ve hayatınıza limitler koymaktan vazgeçesiniz diye söylüyorum. Hayal gücünüzün sınırlarını zorlayın ve isteklerinizin en iyisini, en yüksek noktasını hayal edin.

Sizinle, muhteşem bir hayat süren bir insan arasındaki tek fark sevgidir. Harika hayatları olanlar sevdiklerini ve istediklerini hayal eder ve hayal ettikleri şeylere karşı diğer insanlardan daha çok sevgi *hissederler*! Mücadele eden insanlar farkında olmadan hayal güçlerini sevmedikleri ve istemedikleri şeyler için kullanır ve hayal ettikleri şeydeki negatifliği *hissederler*. Bu son derece basit ama insanların yaşamında büyük bir fark yaratıyor ve bu farkı baktığınız her yerde görebiliyorsunuz.

> *"Usta bir aklın sırrı hayal gücünü nasıl kullandığında gizlidir."*
>
> Christian D. Larson (1874-1962)
>
> YENİ DÜŞÜNCE YAZARI

Tarih mümkün olmayanı hayal etmeye cesaret edenlerin tüm insani sınırları aştığını kanıtlar. Bilim, tıp, spor, sanat, teknoloji gibi hayatın her alanında mümkün olmayanı hayal edenler adlarını tarihe yazdırdı. Hayal güçlerinin sınırlarını aşarak dünyayı değiştirdiler.

Hayatınız tıpkı hayal ettiğiniz gibidir. Sahip olduğunuz ya da olmadığınız her şey, hayatınızdaki her durum ve koşul hayal ettiğinizden farksızdır. Asıl sorun, çoğu insanın en kötüyü hayal etmesi! Hayal gücü gibi muhteşem bir aracı kendi aleyhlerinde kullanıyorlar. En iyiyi hayal etmek yerine her şeyin ters gideceği korkusu içindeler. Ve bunları hayal edip hissettikçe korktukları başlarına geliyor. Ne verirseniz onu alırsınız.

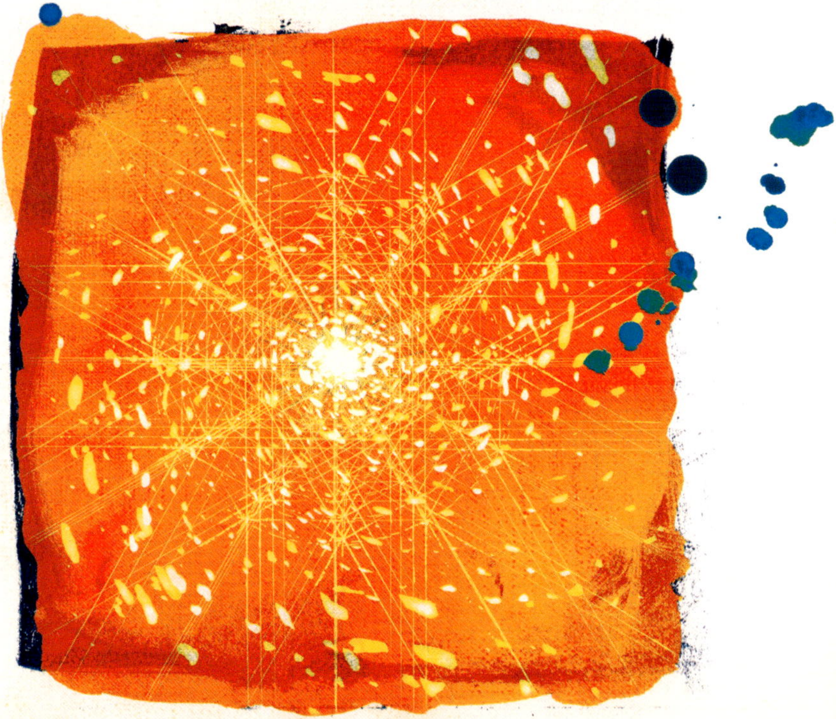

Hayatınızın her alanında en iyisini hissedip hayal edin çünkü hayal edebileceğiniz en iyi şey sevginin gücü için çocuk oyuncağı!

Ailemle Amerika'ya taşındığımızda on beş yaşındaki köpeğimiz Cabbie'yi de yanımızda getirdik. Yeni evimize yerleşeli uzun zaman olmamıştı ki bir gece Cabbie çitte keşfettiği bir delikten kaçmayı başardı. Evimizin arkasında dağlar vardı ve durum pek parlak değildi. Karanlıkta sokakları ve dağlara giden patikaları aradık ama köpeğimizi bir türlü bulamadık.

Kızımla onu ararken olumsuz endişe hissi giderek artıyordu. Aramaya ara verip hislerimizi değiştirmemiz gerektiğini biliyordum. Olumsuz duygular bize en kötüsünü hayal ettiğimizi söylüyordu ve hislerimizi hemen değiştirip en iyisini hayal etmeliydik. O noktada hala her şey mümkündü ve biz onun evde olduğunu hissederek Cabbie'yi sağlıkla eve getirme seçeneğini seçmeliydik.

Eve döndük ve köpeğimizin bizimle olduğunu hayal ettik. Oradaymış gibi mama kabını doldurduk. Boynundaki çıngırağın sesini duyduğumuzu hayal ettik. Sanki yanımızdaymış gibi onunla konuştuk ve ismini seslendik. Kızım on beş yıllık en yakın arkadaşının her zamanki gibi yanında uyuduğunu hayal ederek yatağına gitti.

Ertesi sabah dağların eteğindeki bir ağaçta ilan gördük. Biri küçük bir köpek bulduğunu söylüyordu. Tabii ki Cabbie'ydi. Tıpkı hayal ettiğimiz gibi, köpeğimiz iyi, sağlıklı ve neşeli bir şekilde bize döndü.

Kendinizi ne kadar zorlayıcı bir durumda bulursanız bulun, en iyi sonucu hayal edip hissedin! Böyle yaptığınızda şartları değiştireceksiniz ve durum lehinize dönecek!

Hayal Edebildiğiniz Her Şey Vardır

"Yaratmak, zaten var olanı belirli bir formda şekillendirmektir."

Śrīmad Bhāgavatam (9. YÜZYIL)
ESKİ BİR HİNDU YAZISI

Hayal edebildiğiniz her şey zaten vardır! Ne olduğu önemli değil, eğer hayal edebiliyorsanız zaten vardır.

Beş bin yıl önce eski kutsal kitaplar yaratılışın tamamlandığını, yaratılması muhtemel her şeyin zaten var olduğunu kaydetmiştir. Şimdi, beş bin yıl sonra, kuantum fiziği herhangi bir şeyin her bir olasılığının, yani aslında her şeyin şimdide var olduğunu onayladı.

"Gökyüzünün ve yeryüzünün yaratımı bütün öğeleriyle tamamlandı."

Tekvin 2:1

Bunun sizin ve hayatınız için anlamı, hayatınızda kendiniz için ne hayal ederseniz edin, hepsinin zaten var olduğu. Var olmayan bir şeyi hayal etmeniz imkansız. Yaratılış tamamlandı. Her bir olasılık zaten var. Dolayısıyla bir dünya rekoru kırdığınızı, Uzakdoğu'ya seyahat ettiğinizi, sağlıklı olduğunuzu ya da bir çocuk sahibi olduğunuzu hayal ettiğinizde, tüm bu olasılıklar zaten yaratılışta var! Var olmasalardı onları hayal edemezdiniz! Arzuladığınız ve sevdiğiniz şeyleri görünmezden görünen hayatınıza getirmek için tek yapmanız gereken hayal gücünüz ve duygularınızla istediğiniz o şeye sevgi vermek.

Hayatınızı olmasını istediğiniz şekilde hayal edin. İstediğiniz her şeyi hayal edin. Hayal gücünüzü her gün yanınıza alın ve tüm ilişkileriniz harika olsaydı nasıl olurdu diye hayal edin. İşiniz aniden başarıya kavuşsa nasıl hissedeceğinizi hayal edin. Sevdiğiniz şeyleri yapacak paranız olsaydı hayatınızın nasıl olacağını hayal edin. Vücudunuzdan sağlık fışkırsa nasıl hissedeceğinizi hayal edin. İstediklerinizi yapabilseydiniz nasıl hissedeceğinizi hayal edin. İstediklerinizi hayal etmek için tüm duyularınızı kullanın. İtalya'ya gitmek istiyorsanız zeytinyağının kokusunu, makarnanın tadını, size söylenen İtalyanca kelimeleri duyduğunuzu, Colosseum'un taşlarına dokunduğunuzu hayal edin ve İtalya'da olmayı hissedin!

Konuşmalarınıza "Düşünsene, hayal etsene..." diye başlayın ve cümleyi dileğinizle tamamlayın! Bir arkadaşınız iş arkadaşının terfi ettiğinden ama kendisinin etmediğinden yakınırsa ona şöyle diyerek yardımcı olun: "Senin terfi etmemenin sebebi belki daha yüksek ve iyi maaşlı bir pozisyon için düşünülmendir!" Çünkü gerçekte arkadaşınızın daha yüksek bir pozisyon için düşünülme ihtimali var ve bunu hayal edip isterse alabilir!

> *"Atomların ve temel parçacıkların kendileri gerçek değildir. Bir şey ya da bir gerçek yaratmaktan ziyade, potansiyeller ya da olasılıklar dünyası yaratırlar."*
>
> Werner Heisenberg (1901-1976)
>
> NOBEL ÖDÜLLÜ KUANTUM FİZİKÇİSİ

Hayal gücünüzü kullanın ve kendinizi iyi hissettirecek oyunlar yaratın. Hayal edebildikleriniz şu anda görünmez olsa da tamamen yaratılmış şekilde sizi bekliyor ve onları görünür kılmanın yolu sevdiklerinizi hayal edip hissederek sevginin gücünü kullanmaktan geçiyor.

Üniversiteden mezun olan genç bir kadın sonraki aylar boyunca bir iş bulmak için mücadele etti. En büyük engeli, bir işi olmadığı sırada işe girdiğini hayal etmekti. Her gün günlüğüne ona verilecek iş için minnettar olduğunu yazıyordu ama hala bir işi yoktu. Sonra birden anladı. Arka arkaya yaptığı iş başvuruları çekim yasasına açık ve net bir şekilde işsiz olduğunu haykırıyordu.

Sonra bu genç kadın her şeyi değiştiren bir şey yaptı. Hayal gücünü kullanmaya ve zaten bir işi varmış gibi yaşamaya karar verdi. Saatini kurup her sabah erkenden kalktı. Günlüğüne gelecekteki işi için minnettar olduğunu yazmak yerine işindeki başarısı ve çalışma arkadaşları için ne kadar minnettar olduğunu yazdı. Her gün işe giyeceği kıyafetleri planladı. Maaş çekleri için bir tasarruf hesabı açtırdı. İki hafta boyunca kendini gerçekten çalışıyormuş gibi hissetti. Sonra birdenbire bir arkadaşı ona uygun bir pozisyondan bahsetti. Görüşmeye gitti, işe kabul edildi ve günlüğüne yazdığı her şeye kavuştu.

Kendinize Destek Olun

"Kendinize insanların, durumların ya da olayların neler getireceğini düşünmek için her izin verdiğinizde, düşünmek istediklerinizden uzaklaşırsınız. Kendi arzularınızı kovalamak yerine başkalarınınkileri ödünç alırsınız. Ne düşünmek ve yapmak istediğinize karar vermek için hayalgücünüzü kullanın."

Christian D. Larson (1874-1962)

YENİ DÜŞÜNCE YAZARI

Yaratım Sürecinde istediğiniz ve zaten var olan şeyle ilgili hislerinizi oluşturacak tüm desteklerden faydalanın. Etrafınızı kıyafetlerle, resimlerle, fotoğraflarla ve hayalinizle ilgili objelerle doldurun. Böylece istediğiniz şeyi hayal edip ona sahip olmanın ya da yapmanın verdiği hissi yaşayabilirsiniz.

Yeni kıyafetler istiyorsanız dolabınızda onlara yer olduğundan emin olun. Boş askılarınız kıyafetlerinizi beklesin. Hayatınıza daha çok para getirmek istiyorsanız cüzdanınızı kontrol edin. İçinde daha çok paraya yer var mı, yoksa gereksiz kağıtlarla mı dolu? Harika bir eş istiyorsanız, o insanın şimdi sizinle olduğunu hayal edip hissetmelisiniz. Yatağınızın ortasında mı uyuyorsunuz, yoksa diğer tarafta eşiniz olduğu için belirli bir tarafında mı? Eğer eşiniz sizinle olsaydı dolabınızın yarısını kullanabilecektiniz çünkü diğer yarısında eşinizin kıyafetleri olacaktı. Masanızı tek kişilik mi, çift kişilik mi kuruyorsunuz? Bir tabak daha koymak kolayca yapabileceğiniz bir şey, öyle değil mi? Günlük yaşamınızda isteğinize ters düşmemek için elinizden geleni yapın ve istediğiniz şeye uygun olarak yarattığınız destekler dünyasını kullanın. Bunlar küçük şeyler ama son derece güçlüler.

Bir kadın at almak için bu destekleri ve hayal gücünü kullandı. Hayatı boyunca bir at istemişti ama bunun için yeterli parası yoktu. Kestane rengi bir Morgan atı istiyordu ve Morgan'lar binlerce dolar değerindeydi. Kadın her gün mutfak penceresinden baktığında aynı atı gördüğünü hayal etti. Dizüstü bilgisayarının ekranına kestane rengi bir Morgan atının fotoğrafını koydu. Her fırsat bulduğunda at resmi çizdi. Parası yetmese de satılık atlara bakmaya başladı. Çocuklarını bir mağazaya götürdü ve hep birlikte binici çizmeleri denediler. Eyerlere baktı. Sadece parasının yettiklerini aldı: Bir at battaniyesi, yular ve tımar fırçası. Bunları her gün görebileceği bir yere koydu. Kadın bir süre sonra kasabasındaki bir at panayırına gitti. Orada bir çekiliş düzenleniyordu ve kazanana ödül olarak hayallerindeki gibi kestane rengi bir Morgan veriliyordu! Tabii ki çekilişi o kazandı ve atını aldı!

Duyularınız da destektir. İstediğinize sahip olduğunuzu hissetmenize yardımcı olmaları için tüm duyularınızı kullanın. İstediğinize dokunduğunuzu hissedin. Tadın, koklayın, görün, duyun!

Bir adam iş teklifleri almak için tüm duyularını çalıştırdı. Üç yıl içinde yetmiş beş pozisyona başvurmuş ama tek bir iş teklifi almamıştı. Sonra hayallerindeki işe sahip olduğunu hissetmek için bütün duyularını ve hayal gücünü harekete geçirdi. Yeni ofisini en ince detayına kadar hayal etti. Hayalinde bilgisayarının tuşlarına dokundu. Yeni ve kocaman ahşap masasının limonlu mobilya cilasını kokladığını farz etti. Çalışma arkadaşlarını hayal etti. Onlara isimler verdi. Onlarla sohbet etti. Onlarla toplantı yaptı. Hatta öğle yemeklerinde sandviçlerinden bir ısırık aldı. Yedi hafta sonra görüşmelere çağrılmaya başladı. Sonra ikinci görüşmeler için arandı. Ve en sonunda sadece bir değil iki tane harika iş teklifi aldı. En sevdiği işi kabul etti. Bu onun hayallerindeki işti!

Yaratım Sürecini tamamladığınızda yaratma işlemini bitirmiş olursunuz. Artık istediklerinizi elde edemediğiniz eski dünyanızda değilsiniz. Henüz görmeseniz bile istediğiniz şeyi içeren yeni bir dünyaya adım attınız. Ve emin olun onu alacaksınız!

ÖZET GÜÇ

- *Hayatınızda bir şeyi değiştirmek ya da bir şeyi elde etmek için sevginin gücünü kullanın. Yaratım Süreci hep aynı şekilde işler: Hayal edin, hissedin, alın.*

- *Hayal gücünüz istediğiniz şeyle aranızda bir bağ kurar. Arzunuz ve olumlu hisleriniz isteğinizi size çeken bir manyetik güç yaratır!*

- *Kendinizi istediğinizle hayal edin. Aynı zamanda hayal ettiğiniz için sevgi hissedin.*

- *İstediğinizi tüm kalbinizle arzulamalısınız çünkü arzu da sevgi hissine dahildir ve sevdiğiniz şeyi almak için sevgi vermelisiniz!*

- *İstediğiniz ve sevdiğiniz bir şey düşündüğünüzde sevginin gücünü kullanırsınız. Hayal gücünüzün sınırlarını zorlayın ve isteklerinizin en iyisini, en yüksek noktasını hayal edin.*

- *Hayal edebildiğiniz her arzu zaten vardır! Ne olduğu önemli değil, eğer hayal edebiliyorsanız zaten yaratımda vardı.*

- *Konuşmalarınıza "Düşünsene, hayal etsene..." diye başlayın ve cümleyi dileğinizle tamamlayın!*

- *Destekler kullanın. Etrafınızı kıyafetlerle, resimlerle, fotoğraflarla ve hayalinizle ilgili objelerle doldurun. Böylece istediğiniz şeyi hayal edip ona sahip olmanın ya da yapmanın verdiği hissi hissedebilirsiniz.*

- *Duyu organlarınız da birer destektir. Duyu organlarınızı istediğinize sahip olduğunuzu hissetmek için kullanın. Hissedin, tadın, koklayın, görün ve duyun.*

- *Yaratım Sürecini tamamladığınızda yaratma işlemini bitirmiş olursunuz! Artık istediklerinizi elde edemediğiniz eski dünyanızda değilsiniz. Henüz görmeseniz bile istediğiniz şeyi içeren yeni bir dünyaya adım attınız. Ve emin olun onu alacaksınız!*

HİSSETMEK YARATMAKTIR

"Duygunuzla dileğiniz çatıştığında, duygu galip gelir."

Neville Goddard (1905-1972)
YENİ DÜŞÜNCE YAZARI

Duygu Alanları

İyi duygularınız aracılığıyla sevgi verdiğinizde size ne olduğunu anlamanızı istiyorum çünkü bu gerçekten inanılmaz. Duygularınız sizi tamamen kuşatan manyetik bir alan yaratır. Her insan manyetik bir alanla kuşatılmıştır ve nereye giderseniz gidin o manyetik alan sizinle gelir. Antik resimlerde insanların bir aura ya da haleyle betimlendiğini görmüşsünüzdür. Her insanı çevreleyen aura aslında bir elektromanyetik alandır ve hayatınızdaki her şeyi sizi çevreleyen alanın manyetik özelliği sayesinde çekersiniz. Alanınızın olumlu ya da olumsuz olacağına da duygularınız karar verir!

Duygularınız, kelimeleriniz ya da davranışlarınız vasıtasıyla her sevgi verişinizde etrafınızdaki alana daha çok sevgi katarsınız. Sevgi verdikçe manyetik alanınız genişler ve güçlenir. Manyetik alanınızda her ne varsa kendine de onu çeker, yani alanınızda daha çok sevgi varsa sevdiğiniz şeyleri çekmek için daha çok gücünüz olur. Bir noktada manyetik alanınızdaki güç öyle olumlu ve kuvvetli olur ki sadece bir anlık hayalle ya da iyi bir şey hissettiğiniz anda o şey hemen hayatınıza giriverir! İşte hayatta sahip olduğunuz inanılmaz güç budur. Sevginin mucizevi gücü!

"Düşünme ve hissetme yetinizle tüm yaratımlara hükmedebilirsiniz."

Neville Goddard (1905-1972)

YENİ DÜŞÜNCE YAZARI

Sizinle kendi hayatımdan basit bir örnek paylaşacağım ve sevginin ne kadar hızlı işe yaradığını göreceksiniz. Çiçekleri çok severim ve her hafta taze çiçekler almaya özen gösteririm çünkü beni mutlu ediyorlar. Genelde çiçekleri pazardan alırım ama o hafta yağmur yağdığı için pazar kurulmamıştı, bu yüzden çiçek alamadım. Çiçek alamamaya tepkim bunun iyi bir şey olduğu, böylece çiçeklerin kıymetini daha çok anlayacağım şeklinde oldu. O hafta çiçeğim olmayacağı için hayal kırıklığı duymak yerine sevgi hissetmeyi seçtim ve manyetik alanımı çiçek sevgisiyle doldurdum.

İki saat içinde evime koca bir vazo dolusu çiçek geldi. Dünyanın öbür ucundaki kız kardeşim yaptığım bir iyiliğe teşekkür etmek için hayatınızda görüp görebileceğiniz en güzel çiçekleri yollamıştı. Sevgi verdiğinizde durumunuz her ne olursa olsun şartlar mutlaka değişir!

Şimdi sevgiyi seçmenin neden bu kadar önemli olduğunu biliyorsunuz. Her sevgi verişinizde manyetik alanınızdaki sevgiyi artırırsınız. Günlük yaşamınızda daha çok sevgi verdikçe etrafınızdaki manyetik sevgi gücü o kadar büyür ki istediğiniz her şey ayağınıza gelir.

İşte sevgi verdiğinizde hayatınızın nasıl olacağının sırrı. Eskiden hayatım şimdiki kadar sihirli değildi. Mücadele ve zorluklarla doluydu ama hayatla ilgili muhteşem bir şey keşfettim. Keşfimi bu kitapta sizinle paylaşıyorum. Sevginin gücü için hiçbir şey fazla büyük değil. Hiçbir mesafe fazla uzak, hiçbir engel aşılmaz değil. Zaman onun karşısında duramaz. Evrendeki en büyük gücü kullanarak hayatınızı değiştirebilirsiniz ve tek yapmanız gereken sevgi vermek!

Yaratımın Özü

İsteklerinizin fazlasıyla büyük olduğunu düşünmeye meyillisiniz ama bu şekilde düşündüğünüzde bakış açınız orantısız hale gelir. Bir şeyin gerçekten çok büyük olduğunu düşündüğünüzde çekim yasasına "Bu o kadar büyük ki alması zor olacak ve muhtemelen uzun bir zaman gerekecek," dersiniz. Ve haklı çıkarsınız. Çünkü düşündüğünüzü ve hissettiğinizi alırsınız. Eğer isteğinizin gerçekten büyük olduğunu düşünürseniz isteğinize kavuşma konusunda zorluk ve gecikme yaratırsınız. Oysa çekim yasası için büyük ya da küçük diye bir şey ve zaman kavramı yok.

Yaratıma doğru bir bakış açısından bakmak için, arzunuz size ne kadar büyük görünürse görünsün, onu bir nokta büyüklüğünde düşünün! Bir ev, araba, tatil, para, mükemmel bir eş, hayallerinizin işini ya da çocuk istiyor olabilirsiniz. Bedeninizin sağlıklı olmasını istiyor olabilirsiniz. Sınavlarınızı geçmek, belirli bir üniversiteye girmek, dünya rekoru kırmak, devlet başkanı, başarılı bir oyuncu, avukat, yazar ya da öğretmen olmak istiyor olabilirsiniz. Ne istediğinizin önemi yok. İstediğiniz şeyi küçük bir nokta olarak düşünün. Çünkü sevginin gücü için, istediğiniz şey bir noktadan bile küçük!

"Şüphelerimiz haindir ve çoğu zaman kazanabileceklerimizi kaybettirirler."

William Shakespeare (1564-1616)

İngiliz oyun yazari

İnancınızı yitirmeye başladığınızı hissederseniz büyük bir daire çizin, ortasına bir nokta koyun ve o noktanın yanına isteğinizi yazın. Sonra dilediğiniz sıklıkta bu çizime bakın ve sevginin gücü için isteğinizin sadece bir nokta büyüklüğünde olduğunu hatırlayın!

Olumsuz Bir Şeyi Nasıl Değiştiririz?

Hayatınızda olumsuz bir şey varsa ve onu değiştirmek istiyorsanız da izlemeniz gereken yol aynıdır: Kendinizi isteğiniz şeyle hayal edip hissederek sevgi verin. Unutmayın, olumsuz her şey sevgisizdir. Dolayısıyla olumsuz bir durumun aksini hayal etmelisiniz çünkü onun tersi sevgidir! Mesela bir hastalığınız varsa vücudunuzun sağlıklı olması için sevgi verin.

Olumsuz bir şeyi değiştirmek için Yaratım Sürecini kullanıyorsanız olumsuzu olumluya çevirmek zorunda olmadığınızı bilin. Bu size zorluk hissi verir ve yaratım böyle işlemez. Yaratım, yeni bir şeyin yaratılması demektir. Değiştirmek istediğiniz şeyi düşünmeyin bile. Tek yapmanız gereken, istediğiniz şey için sevgi vermek. Sevginin gücü sizin için o olumsuzluğu değiştirecek.

Eğer bir insan yaralanmışsa ve tıbbı yardım alıyorsa ama durumunda düzelme yoksa bu onun kendini iyileşmiş olarak hayal edip hissetmektense yaralı olarak hayal edip hissettiği anlamına gelir. Dengeyi değiştirmenin yolu kendini yaralı olarak hayal edip hissettiğinden daha fazla iyileşmiş olarak hayal edip hissetmesidir. Kendinizi tamamen iyileşmiş olarak hissedebilmeniz o durumun zaten var olduğu anlamına gelir! Manyetik alanınızı herhangi bir konuda iyi duygularla ve size iyi hissettiren şeylerle doldurun. Hayatınızın her alanında sevginizi artırın. Elinizden geldiğince iyi hissedin çünkü sevgi verdiğiniz her an iyileşirsiniz.

"Duygularınız tanrınızdır."

Chanakya (M.Ö. 350-275)
HİNTLİ SİYASETÇİ VE YAZAR

Her neyi değiştirmek isterseniz isteyin, sağlığınızı, maddi durumunuzu, ilişkilerinizi ya da başka bir şeyi, süreç hep aynıdır! İsteğinizi hayal edin. Ona sahip olmanın sevgisini hayal edip hissedin. İsteğinizle geçireceğiniz her anı ve yaşayacağınız her durumu hayal edin ve ona sahip olduğunuzu hissedin. Her gün yedi dakikanızı isteğinizi hayal edip hissetmeye ayırmaya çalışın. İsteğinize kavuşana dek bunu her gün yapın. İsteğinizin adınız kadar size ait olduğunu hissedene dek yapın. Bazı şeyler için bu duruma bir iki günde gelirsiniz. Bazı şeyler daha çok zaman alır. Sonra hayatınıza devam edip elinizden geldiğince iyi duygular ve sevgi vermeye çalışın çünkü ne kadar çok sevgi verirseniz, isteğinize o kadar hızlı kavuşursunuz.

İsteğinize kavuştuğunuzu hayal edip hissettikten sonra hayal ettiğinizi kapsayan yeni bir dünyaya adım atarsınız. Onun için herkese iyileşmeyen yaranızdan bahsederek bu yeni dünyayla çatışmayın. Bu durumda yine en kötüsünü hayal etmiş olursunuz ve eski dünyanıza geri dönersiniz. En kötüsünü hayal ettiğinizde karşılığında alacağınız şey kötüdür. En iyisini hayal ettiğinizde karşılığında alacağınız şey iyidir. Eğer biri sağlığınızı sorarsa "Kendimi yüzde yüz sağlıklı hissediyorum ve vücudum bana uyum sağlıyor," diye yanıt verebilirsiniz. "Her işte bir hayır vardır. Bu sayede sağlığımın değerini daha iyi anladım," diyebilirsiniz. Hatta eğer yeterince cesursanız, "Bomba gibiyim," de diyebilirsiniz.

İstemediğiniz bir şeyden bahsederken kendinizi mutlaka kötü hissedersiniz. İşte bu kadar basit. Ama insanlar çoğu zaman iyi hissetmemeye o kadar alışmış ki istemediklerinden bahsederken ne kadar kötü hayaller kurup ne kadar kötü hissettiklerini fark etmezler bile. Nasıl hissettiğinizin daha çok farkında oldukça ve duygularınıza daha çok değer verdikçe iyi duygularınızdaki en ufak düşüş bile size dayanılmaz gelir. İyi hissetmeye o kadar alışırsınız, duygularınızın o kadar farkında olursunuz ki biraz azaldıklarında hemen hisseder ve kendinizi iyi duygulara yöneltirsiniz. Çoğu zaman iyi hissetmeli ve mutlu olmalısınız çünkü siz harika bir hayat yaşamak için doğdunuz ve bunu almanızın başka yolu yok!

"Mutlu ve neşeli olmaya kararlıyım, koşullar ne olursa olsun, çünkü tecrübelerimden öğrendiğim kadarıyla mutluluğumuzla kederimizin büyük bölümü şartlarımıza değil eğilimlerimize bağlı."

Martha Washington (1732-1802)
İLK ABD BAŞKANI GEORGE WASHINGTON'IN EŞİ

Kötü Duyguları Nasıl Bertaraf Edeceğiz

Hislerinizi değiştirerek hayatınızdaki her şeyi değiştirebilirsiniz. Herhangi bir konuda hisleriniz değiştiğinde konu da değişecektir! Ama hislerinizi değiştirirken kötü duygulardan kurtulmaya çalışmayın çünkü tüm kötü duygular sevgisizliktir. Onun yerine sevgi verin! Öfkeden ya da hüzünden kurtulmaya çalışmayın, yerlerine sevgi koyduğunuzda öfkeyle hüzün yok olur. İçinizdeki bir şeyi sizin söküp atmanıza gerek yok. Sevgi tüm kötü hisleri zaten yok eder.

Hayatta sadece tek bir güç vardır ve o güç de sevgidir. Ya sevgi dolusunuzdur ve iyi hissediyorsunuzdur ya da sevgisizsinizdir ve kötü hissediyorsunuzdur. Tüm duygularınız sevginin kademeleridir.

Sevgiyi bir bardaktaki su, bardağı da vücudunuz olarak düşünün. Bardakta azıcık su varsa dolu değildir.

O boşlukla kavga ederek ya da boşluğu söküp atmaya çalışarak bardaktaki su miktarını değiştiremezsiniz. Boşluk bardağa su koyarak dolar. Kötü hisleriniz olduğunda, sevginiz azaldığında, içinizi sevgiyle doldurun ve kötü hisleriniz yok olsun.

Kötü Duygulara Direnmeyin

Hayatta her şey ona en uygun yerdedir. Buna kötü duygular da dahil. Kötü duygular olmasaydı iyi hissetmenin ne demek olduğunu anlayamazdınız. Sadece boşluk hissederdiniz ve hislerinizi karşılaştıracağınız bir şey olmazdı. Gerçekten mutlu, heyecanlı ya da neşeli olmanın nasıl hissettirdiğini bilemezdiniz. Mutlu hissetmenin ne demek olduğunu kötü hisler sayesinde biliyorsunuz. Kötü hisleri hayattan asla çıkaramazsınız. Onlar hayatın bir parçasıdır ve onlarsız iyi duygular da olmaz!

Kötü hislere sahip olmakla ilgili kötü hissederseniz kötü duygularınıza güç eklersiniz. Sadece kötü duygularınız kötüleşmekle kalmaz, yaydığınız olumsuzluğu da artırırsınız. Fakat şimdi kötü duyguların istediğiniz hayatı getirmeyeceğini bildiğinize göre onların sizi ele geçirmesine izin vermemenin daha akıllıca olduğunu da tahmin edersiniz. Duygularınızı siz yönetiyorsunuz. Eğer kötü hisler içindeyseniz onlardan kurtulmanın tek yolu kafanızı boşaltıp neşelenmek!

> *"İçinizde bir dünya var. Duygular, düşünceler ve güçten oluşan bir dünya. Işıktan ve güzellikten oluşan bir dünya. Ve görünmemelerine rağmen güçleri muazzam."*

Charles Haanel (1866-1949)

Yeni Düşünce yazarı

Hayatın eğlenceli olması gerek! Eğlendiğiniz zaman kendinizi harika hissedersiniz ve iyi şeyler alırsınız! Hayatı fazla ciddiye alırsanız karşılığında ciddi şeyler alırsınız. Eğlenmek size istediğiniz hayatı getirir ve her şeyi fazlasıyla ciddiye almaksa ciddiye almanız gereken bir hayatı getirir. Hayatınız üzerinde güç sahibisiniz ve bu gücü hayatınızı istediğiniz şekilde biçimlendirmek için kullanabilirsiniz. Ama kendi iyiliğiniz için önce rahatlayın ve neşelenin!

Ben kötü duygular konusunda rahatlamak için onları vahşi atlar olarak hayal ettim. Bir ahır dolusu kötü duygularla dolu at var: Öfkeli, küskün, kınama dolu, somurtkan, huysuz, aksi ve hırçın. Eğer başıma gelen bir şeyle ilgili hayal kırıklığına uğrarsam kendi kendime "Neden hayal kırıklığı atına bindin? Şimdi hemen ondan in çünkü o seni daha çok hayal kırıklığına götürecek ve sen onun gittiği yere gitmek istemiyorsun," diyorum. Tüm kötü duyguları bindiğim vahşi atlar olarak hayal ediyorum. Eğer onlara binebildiysem demek ki inebilirim de. Kötü duyguları gerçek ben olarak ya da bir başkası olarak görmüyorum çünkü öyle değiller. Kötü duygular siz ya da başka biri değil. Kötü duygu kendinize hissetmek için izin verdiğiniz bir şey ve o attan bindiğiniz kadar çabuk inebilirsiniz.

Kötü hisleri bindiğiniz bir at olarak düşünmek onları azaltmanın bir yolu. Eğer bir yakınınız huysuzsa, onu vahşi ve huysuz bir ata binmiş olarak hayal etmek, yaydığı kötü hislerin sizin üzerinizdeki etkisini azaltır. Huysuzluğunu kişisel almazsınız. Ama kişisel alırsanız ve o huysuzlaştıkça huysuzlaşırsanız siz de aynı huysuz ata binmişsiniz demektir!

"Akıllıca olmayan davranışlara bile akıllıca karşılık verin."

Lao Tzu (M.Ö. 6. YÜZYIL CİVARI)
TAOİZMİN KURUCUSU

Anlayacağınız, hayatımda istemediğim herhangi bir şey konusunda hayal gücümü kullanıyorum ve istemediğim şeyin gücünü yok ediyorum. Bazen kendimi ya da diğer insanları değişik ruh hallerindeki vahşi atlara binerken hayal etmek beni güldürüyor. Kötü bir hisse gülebiliyorsanız bu bayağı bir ilerlemedir ve hayatınızı değiştirdiniz demektir!

Eğer kötü hissediyorsanız kendinizi hırpalayarak o kötü hissi daha da güçlendirmeyin. Bunu yapmakla vahşi atı kamçılayıp iyice çıldırtırsınız. Anafikir şu: Kötü hislerden nefret etmeyin ama bilerek ve isteyerek iyi duyguları seçin ve bunu daha sık yapın. Kötü hislere karşı koyduğunuzda artarlar! Kötü hisleri istemedikçe onları çoğaltırsınız. Hayatta bir şeye ne kadar direnirseniz onu daha çok kendinize çekersiniz. Bu yüzden kötü hisleri kafanıza takmayın. Onlara karşı koymayın ve güçlerini yok edin.

ÖZET GÜÇ

- *Her insan manyetik bir alanla kuşatılmıştır ve nereye giderseniz gidin o manyetik alan da sizinle gelir.*

- *Hayatınızdaki her şeyi sizi çevreleyen alanın manyetik özelliği sayesinde çekersiniz. Alanınızın negatif ya da pozitif olmasını duygularınız belirler.*

- *Duygularınız, kelimeleriniz ya da davranışlarınız vasıtasıyla her sevgi verişinizde etrafınızdaki alana daha çok sevgi katarsınız.*

- *Alanınızda ne kadar çok sevgi olursa sevdiğiniz şeyleri çekmek için daha çok gücünüz olur.*

- *İsteğinizi bir nokta büyüklüğünde hayal edin! Sevginin gücü karşısında sizin dileğiniz bir noktadan bile küçük.*

- *Olumsuzu olumluya çevirmek zorunda değilsiniz. Tek yapmanız gereken isteğiniz için sevgi vermek. İsteğinizin yaratımı zaten olumsuzluğu yok eder.*

- *Her gün yedi dakikanızı isteğinizi hayal edip hissetmeye ayırmaya çalışın. Bunu arzunuzun en az adınız kadar size ait olduğunu hissedene dek yapın.*

- *Hayatta sadece tek bir güç vardır ve o güç de sevgidir. Ya sevgi dolusunuzdur ve iyi hissediyorsunuzdur ya da sevgisizsinizdir ve kötü hissediyorsunuzdur. Tüm duygularınız sevginin kademeleridir.*

- *Kötü duygular konusunda rahatlamak için onları vahşi atlar olarak hayal edin. Eğer onlara binebildiyseniz, inebilirsiniz de! O attan, bindiğiniz kadar çabuk inmeyi seçmek elinizde.*

- *Verdiğinizi değiştirirseniz istisnasız aldığınızı da değiştirirsiniz, çünkü bu çekim yasasıdır. Bu sevginin yasasıdır.*

HAYAT SİZİ TAKİP EDER...

"Kaderin şansla bir alakası yoktur.
Tercih meselesidir."

William Jennings Bryan (1860-1925)

AMERİKALI SİYASİ LİDER

Hayat sizi takip eder. Hayatta tecrübe ettiğiniz her şey, farkında olun ya da olmayın, hissettikleriniz ve düşündükleriniz aracılığıyla verdiklerinizin bir sonucudur. Hayat sizin başınıza gelmiyor... sizi takip ediyor. Kaderiniz ellerinizde. Düşündüklerinizle hissettikleriniz hayatınıza yön verir.

Hayattaki her şey size sevdiğinizi seçmeniz için sunulur! Hayat bir katalogdur ve sevdiklerinizi bu katalogdan seçen sizsiniz! Asıl mesele sevdiklerinizi mi seçiyorsunuz, yoksa kötü şeyleri yargılayıp etiketlemekle çok mu meşgulsünüz? Kendinize kötü olduğunu düşündüğünüz şeyleri düşünmek için izin verirseniz hayatın amacından uzaklaşırsınız. Çünkü hayatınızın amacı sevmektir! Hayatınızın amacı sevinçtir. Hayatınızın amacı sevdiğiniz şeyleri seçmek, sevmediklerinize sırt çevirmektir. Böylece onları seçemezsiniz.

Sevdiğinizi Seçin

Hayalinizdeki araba sokakta yanınızdan geçtiğinde hayat size o arabayı sunar! Hayallerinizdeki arabayı gördüğünüzde ne hissettiğiniz çok önemli çünkü o arabaya karşı sadece sevgi hissettiğinizde hayallerinizin arabasını kendinize çekersiniz. Ama hayallerinizdeki arabayı başka biri kullandığı için kıskançlık hissederseniz kendinizi hayallerinizin arabasından sonsuza dek mahrum bırakmış olursunuz! Hayat o arabayı bir seçim yapasınız diye sundu. Ve siz sevgi hissederek onu seçtiniz. Bir başkasının sizin istediğiniz bir şeye sahip olmasının önemi yok. Hayat size her şeyi sunuyor ve onun için sevgi duyarsanız aynısını kendinize de çekersiniz.

Diyelim ki birbirine çılgınca aşık, mutlu bir çift gördünüz ve hayatınızda sevebileceğiniz birini istiyorsunuz. Hayat size o mutlu çifti seçebilesiniz diye sundu. Eğer o mutlu çifti gördüğünüzde mutsuz ve yalnız hissederseniz olumsuzluk verirsiniz ve "Ben mutsuz ve yalnız olmak istiyorum," mesajı gönderirsiniz. İstediğiniz şey için sevgi vermelisiniz. Eğer kiloluysanız ve sokakta yanınızdan muhteşem vücutlu biri geçerse ne hissedersiniz? Hayat o muhteşem vücudu bir seçim yapasınız diye sundu. Öyle bir vücudunuz yok diye kötü hissederseniz, "Ben öyle bir vücut istemiyorum.

Ben sahip olduğum kilolu vücudu istiyorum," demiş olursunuz. Bir hastalıkla savaşıyorsanız ve etrafınız sağlıklı insanlarla çevriliyse nasıl hissedersiniz? Hayat sağlıklı insanları size sağlığı seçesiniz diye sunuyor. Sağlıksızlığınız için kötü hissetmek yerine sağlıklı olanlar için sevgi hissederseniz kendiniz için sağlığı seçersiniz.

Bir insanın sahip olduğu herhangi bir şey hakkında iyi hissederseniz o şeyi kendinize çekersiniz. Başka bir insanın başarısı, mutluluğu ve tüm iyi şeyleri için sevgi hissederseniz hayatınızın kataloğundan aynılarını seçtiniz demektir.

Kendiniz için hayal ettiğiniz özelliklere sahip biriyle tanıştığınızda o özellikleri sevin ve iyi hissedin. Böylece onları kendinize çekeceksiniz. Eğer biri zeki, güzel ya da yetenekliyse o özellikleri sevin ve aynılarını kendiniz için seçin!

Eğer anne ya da baba olmak istiyor ve bunun için uzun zamandır uğraşıyorsanız gördüğünüz her anne baba için sevgi hissedin! Çocukları gördüğünüzde çocuğunuz olmadığı için üzülürseniz çocukları kendinizden uzaklaştırırsınız. Hayat çocukları bir seçim yapasınız diye sunuyor.

Bir spor yapıyorsanız ve başka biri kazanırsa, iş arkadaşlarınızdan biri size maaşına zam yapıldığını söylerse, biri piyango kazandığında, bir arkadaşınız sevgilisinin ona bir hediye aldığını ya da hafta sonu tatili planladığını ya da yeni ve güzel bir ev aldıklarını ya da çocuklarının burs kazandığını söylerse onlar kadar heyecanlanmalısınız. Sanki anlattıkları sizin başınıza gelmiş gibi heyecanlanmalı ve mutlu olmalısınız çünkü o zaman onlara evet dersiniz ve sevgi verdiğinizde aynısını kendinize getirirsiniz!

Rüya arabanızı, mutlu bir çifti, muhteşem bir vücudu, çocukları, bir insandaki harika özellikleri ya da istediğiniz her neyse onu gördüğünüzde o şeylerle aynı frekanstasınız demektir! Heyecanlanın çünkü heyecanınız onları çeker.

Hayattaki her şey size sevdiklerinizi seçesiniz diye sunuluyor ama sevdiklerinizi size sadece sevgi getirebilir. Hayat kataloğu sevmediğiniz şeylerle de doludur. Kötü hisler vererek onları seçmeyin. Başkalarını yargılayıp kötü olduklarını düşünürseniz olumsuzluğu çağırırsınız. Başka bir insanın sahip olduğu bir şeyi kıskanırsanız hem istediğiniz şeyi kuvvetle itersiniz hem de olumsuzluğu çağırırsınız. Sadece sevgi size istediklerinizi verebilir!

"Gerçekten sevenler hep aynı mucizeyi yaşar: Verdikçe daha çok alırlar."

Rainer Maria Rilke (1875-1926)

YAZAR VE ŞAİR

Tek Yasası - Sen!

Çekim yasasını kullanmanızda işinize yarayacak basit bir formül var. Bu her insan, durum ve olayın hayatınızı kolaylaştırmasını sağlayacak. Çekim yasasına göre dünyada yalnızca bir kişi var, o da sizsiniz! Başka biri ya da başka bir şey yok, sadece siz varsınız. Çünkü çekim yasası sizin hislerinize yanıt verir! Önemli olan sizin ne verdiğinizdir. Bu her insanda aynı şekildedir. Ve aslında çekim yasası sizin yasanızdır. Sadece siz varsınız, başka biri yok. Çekim yasası için öteki insan, beriki insan ve diğer tüm insanlar sizsiniz; çünkü biri hakkında ne hissederseniz hissedin, o hissi aynen kendinize getirirsiniz.

Başka bir insan hakkında hissettiklerinizi, düşündüklerinizi, söylediklerinizi ya da yaptıklarınızı kendinize çekersiniz. Yargılar ve eleştirirseniz bunu kendinize yaparsınız. Bir insanı sevip takdir ederseniz bu duyguları kendinize verirsiniz. Çekim yasası için başka biri yoktur. Bu yüzden de başka birinin sizin istediğiniz bir şeye sahip olmasının önemi yoktur. Onu severseniz hayatınıza alırsınız! Sevmediğiniz bir şeye eleştirmeden sırt çevirin ve onu hayatınıza almayın!

Çekim Yasası İçin Sadece Evet Vardır

Sevmediklerinize sırt çevirin ve onlar için bir şey hissetmeyin. Sevmediklerinize hayır demeyin çünkü hayır demek onları size getirir. Sevmediğiniz şeylere hayır derseniz, onlar hakkında kötü hissederseniz kötü hisler verirsiniz ve o hisleri hayatınızdaki olumsuz durumlar olarak geri alırsınız.

Hiçbir şeye hayır diyemezsiniz çünkü "Hayır, onu istemiyorum," dediğinizde çekim yasasına evet dersiniz. Trafik berbat, servis kötü, hep geç kalırlar, burası çok gürültülü, bu şoför kafayı yemiş, uzun zamandır bekliyorum gibi şeyler söylediğinizde bunların hepsine evet dersiniz ve daha fazlasını hayatınıza alırsınız.

Sevmediklerinize sırt çevirin ve onlara hiçbir his vermeyin çünkü onlar oldukları gibi iyiler ama onların hayatınızda yerleri yok.

"Kötülük görme. Kötülük duyma. Kötülük konuşma."

Japonya'daki Toshogu Tapınağı'nda yazılı özlü söz (17. YÜZYIL)

Onun yerine sevdiğiniz bir şey gördüğünüzde *evet* deyin. Sevdiğiniz bir şey duyduğunuzda *evet* deyin. Hoşunuza giden bir şey tattığınızda *evet* deyin. Güzel bir şey kokladığınızda *evet* deyin. Sevdiğiniz bir şeye dokunduğunuzda *evet* deyin. Ona sahip olup olmamanız önemli değil, siz *evet* deyin ve sevgi vererek onu seçin.

Sınır yok. Eğer gerçekten isterseniz her şey mümkün. Evrenin hiçbir yerinde eksiklik yoktur. İnsanlar bir şeyin eksikliğini görürse bunun sebebi sevgisizliktir. Sağlıksızlık, parasızlık, kaynak kıtlığı ya da mutsuzluk yoktur. Arz talebe eşittir. Sevgi verin, sevgi alın!

Hayatınız - Hayat Hikayeniz!

Hayatınızın hikayesini siz yaratıyorsunuz. Peki hayat hikayeniz size kendiniz hakkında ne söylüyor? Yapabileceğiniz ve yapamayacağınız şeyler olduğuna mı inandınız? Kendiniz hakkında anlattığınız hikaye bu mu? Çünkü o hikaye kesinlikle doğru değil.

Biri size başka bir insanın sizden üstün olduğunu mu söylüyor? Biri herhangi bir yönden sınırlı kapasiteniz olduğunu mu söylüyor? Biri sevdiğiniz şeyi yapamayacağınızı, onunla hayatınızı kazanamayacağınızı mı söylüyor? Biri tarihteki önemli insanlar kadar değerli olmadığınızı mı söylüyor? Biri şu anda yeterince iyi olmadığınızı ve kendinizi kanıtlamanız gerektiğini mi söylüyor? Hiçbirine kulak asmayın! Sevdiklerinizi elde edemeyeceğinizi, sevdiklerinizi yapamayacağınızı ve sevdiğiniz gibi olamayacağınızı söyleyenleri dinlemeyin. Eğer bunlara inanırsanız kendinize sınırlar koyarsınız. Ama daha önemlisi, hiçbiri doğru değil. Sizin için fazlasıyla iyi olan ya da gerçekleşemeyecek kadar iyi olan bir şey yok.

Sevginin gücü "Ne verirsen, onu alırsın," der. Bu sizin yeterince iyi olmadığınızı mı söylüyor? Sevginin gücü "Ne olmak, yapmak ya da elde etmek istiyorsan sevgi ver ve onu al," der. Bu sizin yeterince iyi olmadığınızı mı söylüyor? Siz şu andaki halinizle de değerli ve sevdiklerinize layıksınız. Siz şu anda yeterince iyisiniz. Eğer doğru olmayan bir şey yaptığınızı hissederseniz *farkındalığınızın* ve *kabullenişinizin* çekim yasasına göre bir bağışlanma olduğunu anlayın.

Gerçek Dünya

> *"Başlangıçta sadece olasılıklar vardı. Evren ancak biri onu gözlemlediğinde var oluşa geçer. Gözlemcilerin birkaç trilyon yıl sonra ortaya çıkmasının önemi yok. Evren var çünkü biz onun farkındayız."*
>
> Martin Rees (D. 1942)
>
> ASTROFİZİKÇİ

Sizi gördüğünüz dünyanın sahne arkasına götürmek istiyorum çünkü gördüğünüz pek çok şey sandığınız kadar gerçek değil. Görünmeyene atacağınız birkaç maceracı adım dünyaya bakış açınızı değiştirecek ve sizi sınırsız bir hayata kavuşmanız için serbest bırakacak.

Gerçek dünyayla ilgili inançlarınızın çoğu doğru değil. Siz farkında olduğunuzdan çok daha fazlasısınız. Hayat ve evren farkında olduğunuzdan çok daha fazlası. Gerçek dünyada her şeyin belirli bir limitte olduğunu düşünebilirsiniz. Belirli miktarda para, sağlık ve kaynak olduğunu düşünebilirsiniz ama bu doğru değil. Hiçbir şey eksik değil. Kuantum fizikçileri bize sınırsız sayıda gezegenin ve sınırsız evrenlerin var olduğunu söylüyor. Ve biz her saniye diliminde bir Dünya gezegeni ve Evren gerçekliğinden diğerine geçip duruyoruz. Bilimin gösterdiği gerçek dünya bu.

> *"Evrenimizde fiziksel gerçekliğimizle uyumlu bir frekansa ayarlıyız. Ama biz onlara ayarlı olmasak da bizimle aynı odada var olan sınırsız sayıda paralel gerçeklik var."*
>
> Steven Weinberg (D. 1933)
>
> NOBEL ÖDÜLLÜ KUANTUM FİZİKÇİSİ

Gerçek dünyada zaman sıkıntısı olduğunu düşünebilir ve hayatınızı zamanla yarışarak yaşıyor olabilirsiniz ama büyük bilimadamı Albert Einstein bize zamanın bir yanılsama olduğunu söyler.

> *"Geçmiş, bugün ve gelecek arasındaki ayrım yalnızca kibirli ve ısrarcı bir yanılsama."*
>
> Albert Einstein (1879-1955)
>
> NOBEL ÖDÜLLÜ FİZİKÇİ

Gerçek dünyanın canlı ve cansız şeylerden oluştuğunu düşünebilirsiniz. Ama evrendeki *her şey* canlı, *hiçbir şey* ölü değil. Yıldızlar, güneş, gezegenler, yeryüzü, hava, su, ateş ve gördüğünüz her obje hayatla dolu. Gerçek dünya bu.

"Bir ağaçta sevginizi hisseden ve ona karşılık veren bir algı var. Ancak o, aldığı keyfe bizim yolumuzla ya da şimdi anlayabileceğimiz bir yolla karşılık vermez, ya da göstermez."

Prentice Mulford (1834-1891)
YENİ DÜŞÜNCE YAZARI

Gerçek dünyanın gördüğünüz her şey olduğuna ve göremediğiniz her şeyin gerçek olmadığına inanabilirsiniz. Ancak bir şeye baktığınızda gördüğünüz renk onun gerçek rengi değil. Her şey tüm renkleri emer ve gerçek olmayan bir renk yansıtır. Sizin gördüğünüz renk odur. Gökyüzü aslında mavi değildir, rengarenktir!

Duyamadığınız bir sürü ses var çünkü frekansları sizin duyabileceğinizin ötesinde ama gerçekler. Morötesi ya da kızılötesi ışığı göremezsiniz çünkü frekansları gözlerinizin görebileceğinin ötesindedir ama gerçekler. Eğer ışığın tüm bilinen frekanslarını Everest Dağı büyüklüğünde hayal ederseniz sizin görebildikleriniz bir golf topundan küçüktür!

Gerçek dünyanın görebildiğiniz ve dokunabildiğiniz cisimsel şeylerden oluştuğuna inanabilirsiniz. Ama hiçbir şey cisimsel değildir! Şu anda oturduğunuz sandalye bir hareket enerjisi gücü ve çoğunluğu boşluk. O halde sandalyeniz ne kadar gerçek?

"Bilge bir adam dünyayı bir yanılsama olarak algılar, gerçekmiş gibi davranmaz ve (dolayısıyla) acı çekmekten kurtulur."

Gautama Buddha (M.Ö. 563-483)

Budizmin kurucusu

Hayal gücünüzün düşüncelerle hayallerden ibaret olduğuna ve gerçek dünyaya bir etkisi olmadığına inanabilirsiniz. Ama bilimadamlarının bir şeylerin gerçek olup olmadığını kanıtlarken en çok zorlandıkları konulardan biri, inançlarını bilimsel deneylerden uzak tutmaktır. Çünkü bir bilimadamının deneylerin sonucu hakkında hayal edip inandıkları, o deneylerin sonucunu etkiler. İşte insanın hayallerinin ve inançlarının gücü! Bir bilimadamının inançları nasıl bir deneyin sonucunu etkiliyorsa, sizin inançlarınız da hayatınızın sonucunu etkiler.

İnançlarınız, doğru olsun ya da olmasın, dünyanızı oluşturur. Hayal ettikleriniz ve doğru olduğunu *hissettikleriniz* hayatınızı yaratır çünkü çekim yasasına verdiğiniz ve size geri dönecek olan budur. Hayal gücünüz gördüğünüz dünyadan daha gerçek çünkü gördüğünüz dünya hayal ettiklerinizden ve inandıklarınızdan gelir! Neye inanır ve neyin gerçek olduğunu *hissederseniz* hayatınız o olur. Eğer hayallerinizdeki hayata kavuşamayacağınıza inanırsanız çekim yasası sizin söylediğinizi takip eder ve gerçek dünyanız o olur.

"Görebildiklerinize ve dokunabildiklerinize inanmak bir inanç bile değildir ama görünmeyene inanmak bir zafer ve lütuftur."

Abraham Lincoln (1809-1865)

16. ABD BAŞKANI

Nesillerdir sınırlarla ilgili bir hikaye dinliyoruz. Artık gerçek hikayeyi anlatma vakti geldi.

Gerçek Hikaye

İşin aslı, siz sınırsız bir varlıksınız. Dünya ve evren sınırsız. Göremediğiniz dünyalar ve olasılıklar var ama hepsi gerçek. Artık yeni bir hikaye anlatmaya başlamalısınız! Muhteşem hayatınızın hikayesini anlatmaya başlamalısınız çünkü nasıl bir hikaye anlatırsanız anlatın, iyi ya da kötü, çekim yasası sizi ona kavuşturur ve hayatınızın hikayesi o olur.

İsteklerinizi hayal edip *hissedin* çünkü hayatınızda geri alacağınız resimler onlar olacak. Elinizden geldiğince sevgi verin, elinizden geldiğince iyi *hissedin* ve sevginin gücü sizi sevdiğiniz insanlarla, durumlarla ve olaylarla sarmalasın. İstediğiniz olabilirsiniz. İstediğinizi yapabilirsiniz. İstediğinizi elde edebilirsiniz.

Neyi seviyorsunuz? Neyi istiyorsunuz?

Hayat hikayenizle ilgili sevmediklerinizi salın gitsin ve sadece sevdikleriniz kalsın. Eğer geçmişinizdeki olumsuz şeylere takılıp kalırsanız onları her hatırlayışınızda hikayenize geri koyarsınız ve hayatınızın resimlerine geri dönerler. Hem de hemen şimdi!

Çocukluğunuzla ilgili sevmediğiniz şeyleri bir kenara bırakın ve sevdiklerinizi saklayın. Ergenlik ve yetişkinlik çağınızla ilgili sevmediklerinizi bir kenara bırakın ve iyi şeyleri saklayın. Hayatınızla ilgili sadece sevdiklerinizi saklayın. Geçmişin tüm olumsuzlukları geride kaldı, artık o insan değilsiniz. Kendinizi kötü hissettirenleri neden hayat hikayenize geri koyasınız? Geçmişin olumsuzluklarını içinizden söküp atmanıza gerek yok. Tek yapmanız gereken onları hikayenize koymamak.

"Ebedi, akıl almaz ve yüce bir güç hepimizi ileri itiyor. Ama böyle itilirken bile çoğumuz oyalanıp geriye bakıyoruz. Güce bilinçsizce karşı geliyoruz."

Prentice Mulford (1834-1891)
YENİ DÜŞÜNCE YAZARI

Eğer kurban olduğunuzla ilgili bir hikaye anlatıp durursanız o resimler hayatınızda tekrar tekrar döner. Eğer diğer insanlar kadar zeki, yetenekli ya da çekici olmadığınızla ilgili bir hikaye anlatıp durursanız haklı çıkarsınız, hayatınızın resimleri onlar olur.

Yapmanız gereken tek şey sevmek! Hayatınızı sevgiyle doldurursanız suçluluk, pişmanlık ve diğer olumsuz duyguların sizi terk ettiğini görürsünüz. Ve sonra şimdiye kadar anlatılmış en harika hikayeyi anlatmaya başlarsınız ve sevginin gücü hayatınızı, muhteşem hayatınızın gerçek hikayesinin resimleriyle aydınlatır.

"Sevgi dünyadaki en büyük güçtür. Her şeyi fetheder."

Peace Pilgrim

MILDRED LISETTE NORMAN (1908-1981)
BARIŞ EYLEMCİSİ

ÖZET GÜÇ

- *Hayat size her şeyi sevdiklerinizi seçesiniz diye sunuyor!*
- *Eğer biri sizin istediğiniz bir şeye kavuşursa bu sizin başınıza gelmiş gibi heyecanlanın. Hayat size her şeyi sunuyor ve eğer onun için sevgi hissederseniz aynısını kendinize çekersiniz.*
- *İstediğiniz şeyleri gördüğünüzde o şeylerle aynı frekanstasınız demektir!*
- *Hayat kataloğu sevmediğiniz şeyleri de kapsar, kötü duygular vererek onları seçmeyin.*
- *Sevmediğiniz şeylere sırt çevirin ve onlara hiçbir his vermeyin. Sevdiğiniz bir şey gördüğünüzde evet deyin.*
- *Çekim yasası duygularınıza karşılık veriyor! Önemli olan sizin hayata ne verdiğiniz. Çekim yasası sizin yasanızdır.*
- *Yargılar ve eleştirirseniz bunları kendinize çekersiniz. Başka bir insana ya da bir şeye sevgi verir, olumlu şeyler hissettirirseniz, bunları kendinize çekersiniz.*
- *İnsanlar bir şeyin eksikliğini gördüğünde, o en basit ifadesiyle sevginin eksikliğidir.*

- *Siz olduğunuz gibi iyisiniz. Eğer doğru olmayan bir şey yaptığınızı hissederseniz, farkındalığınızın ve kabullenişinizin çekim yasasına göre bir bağışlanma olduğunu anlayın.*

- *Dünyanızı oluşturan, doğru ya da yanlış, sizin inançlarınız.*

- *Hayal gücünüz gördüğünüz dünyadan daha gerçek çünkü gördüğünüz dünya hayal ettiklerinizden ve inandıklarınızdan gelir! Neye inanır ve neyin gerçek olduğunu hissederseniz hayatınız o olacaktır.*

- *Nasıl bir hikaye anlatırsanız, iyi ya da kötü, o sizin hayat hikayeniz olacaktır. Öyleyse muhteşem hayatınızın hikayesini anlatmaya başlayın ve çekim yasası sizi ona kavuştursun.*

GÜÇ ANAHTARLARI

"En değerli mülkleriniz ve en büyük güçleriniz görünmez ve elle tutulmaz. Onları kimse alamaz. Siz, sadece siz, onları verebilirsiniz. Verdiklerinizin karşılığında bolluk ve bereket alacaksınız."

W. Clement Stone (1902-2002)

YAZAR VE İŞADAMI

Güç Anahtarları sevginin gücünü kullanmanın ve hak ettiğiniz hayatı almanın en kuvvetli yollarıdır. Ayrıca o kadar basitler ki bir çocuk bile onlardan kolayca faydalanabilir. Her anahtar içinizdeki sonsuz gücün kilidini açacak.

Sevgi Anahtarı

Sevgiyi hayatınızdaki en temel güç olarak kullanmak için daha önce sevmediğiniz gibi sevmelisiniz. Hayatınıza aşık olun! Hayatınızda ne kadar çok sevmiş olursanız olun, o sevgiyi ikiye katlayın, hatta ona, yüze, bine, milyona katlayın çünkü daha fazla sevgi hissetme kapasitesine sahipsiniz! Hissedebileceğiniz sevginin sınırı yok, tavanı yok ve hepsi sizin içinizde! Siz sevgiden yapıldınız. Sizin, hayatın, evrenin hammaddesi ve doğası bu. Daha önce sevdiğinizin çok ötesinde, hayallerinizin bile ötesinde sevebilirsiniz.

Hayata aşık olduğunuzda bütün sınırlar kalkar. Para, sağlık, mutluluk ve ilişkileriniz gibi konulardaki tüm sınırları aşarsınız. Hayata aşık olduğunuzda ona karşı koymazsınız ve sevdiğiniz şeyler birdenbire hayatınızda beliriverir. Bir odaya girdiğinizde varlığınız hissedilir. Hayatınıza fırsatlar yağar ve en ufak bir dokunuşunuz olumsuzluğu yok eder. Kendinizi hayal ettiğinizin bile ötesinde iyi hissedersiniz. Sınırsız enerjiyle, heyecanla ve bastırılamaz bir yaşam sevinciyle dolarsınız. Bir tüy kadar hafif hissedersiniz. Havada süzülüyormuş gibi. Ve sevdiğiniz her şey ayağınıza gelir. Hayata aşık olun, içinizdeki gücü serbest bırakın, sınırsız ve yenilmez olun!

"Bunca zamandan sonra bile güneş asla yeryüzüne Bana borçlusun, *demedi. Böyle bir sevgiyle neler olduğunu görüyor musunuz? Tüm gökyüzü aydınlanıyor."*

Hafez (1315-1390)
MUTASAVVIF ŞAİR

Hayata nasıl mı aşık olursunuz? Başka bir insana aşık olur gibi. Hani aşık olduğunuz kişiyle ilgili her şeyi seversiniz ya! Başka bir insana aşık olduğunuzda sadece sevgiyi görür, sadece sevgiyi duyar, sadece sevgiyi konuşur ve sevgiyi tüm kalbinizde hissedersiniz! Hayatınıza aşık olmak için sevginin gücünü kullanmanın yolu da budur.

Ne yapıyorsanız yapın, nerede olursanız olun, sevdiğiniz şeyleri arayın. Sevdiğiniz teknoloji ve icatları arayın. Sevdiğiniz binaları, arabaları, yolları, kafeleri, restoranları ve dükkanları arayın. Sevdiğiniz şeyleri bulma amacıyla sokakta yürüyün ya da bir mağazaya girin. Başka insanlarda sevdiğiniz şeyler arayın. Doğada sevdiğiniz şeyler arayın. Kuşlar, ağaçlar, çiçekler, doğanın renkleri ve mis gibi kokuları. Sevdiğinizi görün. Sevdiğinizi duyun. Sevdiğiniz hakkında konuşun.

"Şimdiye dek üstlendiği hiçbir görevde başarısızlığa uğramamış bir güçle işbirliği yaptığınızı bilirseniz sizin durumunuzda da başarısızlığa uğramayacağının güveniyle yolunuza devam edebilirsiniz."

Robert Collier (1885-1950)

YENİ DÜŞÜNCE YAZARI

Sevdiklerinizi düşünün. Onlardan bahsedin. Sevdiklerinizi yapın. Çünkü bunları yaparken sevgiyi *hissedersiniz*.

Eviniz, aileniz, eşiniz, çocuklarınız ve arkadaşlarınızla ilgili sevdiğiniz şeylerden konuşun. Onlara hangi yönlerini sevdiğinizi söyleyin. Dokunduğunuz, kokladığınız, tattığınız ve hoşunuza giden şeylerle ilgili konuşun.

Her gün çekim yasasına, sevgiyi hissederek sevdiğiniz şeyleri bir bir söyleyin. Sadece bir gün içinde sevdiğiniz şeyleri hissederek ne kadar çok sevgi verebileceğinizi düşünün. Sokakta yürürken diğer insanlarda sevdiğiniz şeyler arayın. Dükkanlara bakarken sevdiğiniz şeyler bulmaya çalışın. Şu kıyafete bayıldım, şu ayakkabılar süper, şu adamın gözlerinin rengi ne hoş, şu kadının saçlarını çok beğendim, şu kızın gülümsemesi ne güzel, o kreme bayılıyorum, o kokuya bayılıyorum, bu dükkanı çok seviyorum, şu masayı, lambayı, kanepeyi, halıyı, müzik aletini, paltoyu, kravatı, şapkayı, mücevheri seviyorum, yazın kokusunu seviyorum, sonbaharda ağaçların yapraklarının dökülmesini seviyorum, ilkbaharda açan çiçekleri seviyorum, o renge bayılırım, o sokağı pek severim, bu şehri seviyorum...

Olaylarda, durumlarda, şartlarda sevdiğiniz şeyler arayın ve onları hissedin. Böyle telefonlar almaya bayılırım, böyle e-mailler almaya bayılırım, böyle iyi haberler duymaya bayılırım, bu şarkıyı severim, insanları mutlu görmeyi severim, insanlarla gülmeyi severim, arabayla işe giderken müzik dinlemeyi severim, trende ya da otobüste uyuklamaya bayılırım, şehrimdeki festivalleri seviyorum, kutlamalara bayılıyorum... "Hayatı seviyorum," deyin. Her konuda kalbinizi ısıtan şeyler bulun ve hissedebileceğiniz en derin sevgiyi hissedin.

Eğer iyi hissetmiyorsanız ve bu hissinizi değiştirmek istiyorsanız ya da iyi duygularınızı artırmak istiyorsanız birkaç dakika durun ve aklınızdan sevdiklerinizi sıralayın! Bunu sabah giyinirken, yürürken, araba kullanırken ya da bir yere seyahat ederken yapabilirsiniz. Uygulaması çok kolay olmasına rağmen hayatınız üzerindeki etkisi inanılmazdır.

Sevdiğiniz her şeyin yazılı bir listesini çıkarın. Bunu başta her ay, sonraları en az üç ayda bir yapmalısınız. Listenize sevdiğiniz yerleri, şehirleri, ülkeleri, insanları, renkleri, kıyafet tarzlarını, insanlarda sevdiğiniz özellikleri, sevdiğiniz firmaları, hizmetleri, sporları, sporcuları, müziği, hayvanları, çiçekleri, bitkileri ve ağaçları dahil edin. Sevdiğiniz tüm maddi şeylerin bir listesini yapın. Kıyafetlerin, evlerin, mobilyaların, kitapların, dergilerin, gazetelerin, arabaların, araç gereçlerin ve yemeklerin. Yapmayı sevdiğiniz şeyleri düşünün ve bir liste çıkarın. Dans etmek, spor yapmak, sanat galerilerine, konserlere, partilere, alışverişe gitmek gibi. Sevdiğiniz filmlerin, tatillerin ve restoranların listesini çıkarın.

"İnsan sevginin krallığına tamamen girdi mi dünya -ne kadar kusurlu olduğunun önemi yok- güzelleşip zenginleşir, sadece fırsatlar içeren bir yer haline gelir."

Søren Aabye Kierkegaard (1813-1855)

FİLOZOF

• Sizin göreviniz her gün elinizden geldiğince sevmek. Eğer bugün sadece sevebilir, sevdiğiniz şeyleri arayıp hissedebilir ve sevmediklerinizi görmezden gelirseniz, yarınlarınız istediğiniz ve sevdiğiniz her şeyin tarifsiz mutluluğuyla dolup taşacak.

"Sevgi mutluluk kapısını açan başlıca anahtardır."

Oliver Wendell Holmes (1809-1894)

HARVARD TIP FAKÜLTESİ DEKANI

Sevmek Uyanık Olmaktır

Etrafınızdakilerin sevgisini hissetmek için uyanık olmalısınız. Etrafınızdaki sevebileceğiniz şeyler için uyanık olmalısınız, yoksa onları kaçırırsınız. Sevdiğiniz şeyleri görebilmek için uyanık olmalısınız. Sevdiğiniz sesleri duyabilmek için uyanık olmalısınız. Yanından geçtiğiniz çiçeklerin güzel kokusunu alabilmek için uyanık olmalısınız. Yediğiniz yemeğin tadını gerçekten alabilmek, lezzetini hissedebilmek için uyanık olmalısınız. Eğer sokakta kafanızın içindeki düşünceleri dinleyerek yürüyorsanız hepsini kaçırırsınız. Ve çoğu zaman insanlara olan budur. Kafalarının içindeki sesleri dinleyerek kendilerini hipnotize ederler, bir çeşit transa geçerler ve etraflarındakileri farketmezler.

Hiç sokakta yürürken yakın bir arkadaşınızın adınızı seslendiği ve onu görmediğiniz için şaşırdığınız oldu mu? Ya da belki bir arkadaşınızı gördünüz ve sizi duyması için adını birkaç kere seslenmeniz gerekti ve sizi birden karşısında bulunca irkilerek sıçradı? Adını söylemeniz onu uyandırdı çünkü kafasının içindeki düşünceleri dinlemeye öyle dalmıştı ki sokakta yürüdüğünün bile farkında değildi. Hiç araba kullanırken birden etrafınıza bakıp gideceğiniz yere ne kadar yaklaştığınızı ve yolculuğun büyük bir kısmını hatırlamadığınızı farkettiğiniz oldu mu? Çünkü düşüncelerinizi dinleyerek kendinizi hipnotize ettiniz ve transınızda kayboldunuz.

İyi haber şu: Daha çok sevgi verdikçe dikkatiniz artacak! Sevgi farkındalık getirir. Her gün etrafınızda seveceğiniz şeyler aramak için bilinçli bir çaba gösterdikçe daha farkında ve uyanık olacaksınız.

Aklınızı Sevgiye Nasıl Odaklayacaksınız

> *"Aklın berraklığı, tutkunun da berraklığı demektir. Yüce ve berrak bir aklın şevkle sevmesi ve sevdiği şeyi açıkça görmesinin nedeni budur."*
>
> Blaise Pascal (1623-1662)
>
> MATEMATİKÇİ VE FİLOZOF

Uyanık kalmanın bir yolu "Sevdiğim ne görebilirim?", "Sevdiğim kaç şey görebilirim?", "Sevdiğim başka ne var?", "Beni heyecanlandıracak ne görebilirim?", "Tutku duyabileceğim ne görebilirim?", "Sevdiğim daha çok şey görebilir miyim?", "Gerçekten seveceğim ne duyabilirim?" türünden sorularla aklınızı şaşırtmaktır. Aklınıza bu tip sorular sorduğunuzda aklınız dayanamaz ve hemen cevap aramaya başlar. Diğer düşünceleriniz yok olur ki sorularınızın cevapları gelebilsin.

İşin sırrı aklınıza düzenli olarak soru sormakta. Daha çok soru sordukça aklınızın kontrolünü daha çok ele geçireceksiniz. Aklınız sizinle çalışacak ve size karşı koymak yerine sizin istediğinizi yapacak.

Onu kontrol etmezseniz aklınız bazen makinisti olmayan bir yük treni gibi dağdan aşağı kaymaya başlayabilir. Siz aklınızın şoförüsünüz, dolayısıyla kontrolü ele alın, onu nereye gitmek istediğinizle ilgili direktiflerle meşgul edin. Aklınız ancak siz ona ne istediğinizi söylemediğinizde yokuş aşağı gitmeye başlar.

"Zihin onu kontrol etmeyenlere düşman gibi davranır."

Bhagavad Gita (M.Ö. 5. YÜZYIL)
ESKİ BİR HİNDU YAZISI

Aklınız kullanabileceğiz güçlü ve muhteşem bir araçtır ama kontrolü sizin elinizde olmalı. Siz onun sizi kontrolsüz duygularla oyalamasına izin vermek yerine sadece sevgi vermenize yardımcı olmasını istiyorsunuz. Merak etmeyin, aklınızı sevgiye odaklanması için eğitmek uzun sürmeyecek ve sonra hayatınızda neler olacağını izleyip görün!

Minnettarlık Anahtarı

"Minnettarlık olmadan gücünüzü yeterince değerlendiremezsiniz çünkü sizi güce bağlayan odur."

Wallace Wattles (1860-1911)

YENİ DÜŞÜNCE YAZARI

Hayal edilebilecek en kötü şartlardaki insanların, minnettarlık sayesinde hayatlarını değiştirdiğini biliyorum. Umutsuz tıbbi vakalarda gerçekleşen mucizeleri biliyorum. Çalışmayan böbreklerin çalıştığını, kalp rahatsızlıklarının iyileştiğini, görme duyusunun yeniden kazanıldığını, tümörlerin yok olduğunu ve kemiklerin gelişip yeniden yapılandığını... Zedelenen ilişkilerin minnettarlık sayesinde harika ve mutlu ilişkilere dönüştüğünü biliyorum. Biten evliliklerin kurtulduğunu, kopan aile bireylerinin yeniden kavuştuğunu, ailelerin çocuklarıyla ilişkilerini düzelttiğini ve öğretmenlerin öğrencilerini değiştirdiklerini... Sefalet içindeki insanların minnettarlık sayesinde zengin olduğunu gördüm. İşleri bozulanlar yoktan var oldu, hayatları boyunca para sıkıntısı çekenler refaha kavuştu. Hatta biri bir hafta içinde sokaklarda yaşamaktan kurtulup bir eve ve işe kavuştu. Depresyondaki insanların minnettarlık sayesinde neşeli ve tatminkar hayatlar elde ettiklerine şahit oldum. Anksiyete ve her tür ruhsal hastalığın minnettarlık sayesinde tamamen iyileştiğine şahit oldum.

Dünyanın bütün kurtarıcıları minneti kullandı çünkü minnettarlığın sevginin en güçlü ifadelerinden biri olduğunu biliyorlardı. Minnet duyduklarında yasayla uyum içinde yaşadıklarını biliyorlardı. İsa mucizelerini gerçekleştirmeden önce neden *Teşekkür ederim,* derdi sizce? Minnettarlık en büyük çoğaltıcıdır ve her ne için minnettarsanız o çoğalır!

Minnet duyduğunuz her an sevgi verirsiniz ve ne verirseniz onu alırsınız. İster bir insana teşekkür edin ister bir araba, bir tatil, günbatımı, bir hediye, yeni bir ev ya da heyecan verici bir aktivite için minnet duyun, o şeylere sevgi verirsiniz ve karşılığında daha çok neşe, daha çok sağlık, daha çok para, daha heyecanlı deneyimler, daha harika ilişkiler ve daha çok fırsat alırsınız.

Hemen deneyin. Minnet duyduğunuz bir şeyi ya da insanı düşünün. Hayatta her şeyden çok sevdiğiniz insanı seçebilirsiniz. O insana odaklanın ve o insanla ilgili sevdiğiniz, minnet duyduğunuz şeyleri düşünün. Sonra ya içinizden ya da yüksek sesle o insana onunla ilgili sevdiklerinizi ve minnet duyduklarınızı söyleyin. O kişi yanınızdaymış gibi hissedin. Ona onu neden sevdiğinizi anlatın. Cümlelerinize "Hatırlıyor musun?" diye başlayarak belirli anları yeniden yaşayın. Bunu yaparken minnetin kalbinizle bedeninizi doldurmaya başladığını hissedin.

Bu basit egzersizle verdiğiniz sevgi size o ilişkide ve hayatınızda mutlaka geri döner. Bakın minnetle sevgi vermek ne kadar kolay.

Albert Einstein gelmiş geçmiş en büyük bilimadamlarından biriydi. Keşifleri evrene bakış açımızı değiştirdi. Ve muazzam başarıları sorulduğunda Einstein sadece başkalarına teşekkür etti. Yaşamış en yüce beyinlerden biri, ona verdikleri için başkalarına teşekkür etti. Hem de günde yüz kere! Bu da demektir ki Einstein günde en az yüz kere sevgi verdi. Şimdi düşünün, hayatın Einstein'a pek çok sırrını açması bir tesadüf müydü?

"Kendime her gün yüz kez iç ve dış hayatımın, yaşayan ya da ölmüş diğer insanların çalışmalarına dayandığını, geçmişte ve hala, aldığım ölçüde vermek için çok çabalamam gerektiğini hatırlatıyorum."

Albert Einstein (1879-1955)

NOBEL ÖDÜLLÜ FİZİKÇİ

Minnettarlık, Büyük Çoğaltıcı

Sahip olduğunuz şeyler için minnettarsanız onlardan daha fazlasını alırsınız. Az bile olsa, eğer paranız için minnettar olursanız daha çoğunu alırsınız. Mükemmel olmasa da ilişkiniz için minnettar olursanız ilişkiniz daha iyileşir. Hayallerinizin işi olmasa da işiniz için minnet duyarsanız daha iyi fırsatlarla karşılaşırsınız. Çünkü minnetiniz hayatın en büyük çoğaltıcısıdır!

"Hayatınızdaki tek dua 'teşekkür ederim' ise bu yeterlidir."

Meister Eckhart (1260-1328)

HIRİSTİYAN YAZAR VE İLAHİYATÇI

Minnettarlık iki basit kelimeyle başlar: *Teşekkür ederim.* Ama minneti tüm kalbinizde hissetmelisiniz. Daha çok

Teşekkür ederim dedikçe daha çok hissedecek ve daha çok sevgi vereceksiniz. Minnet gücünü hayatınızda kullanmanın üç yolu var ve hepsi sevgi vermekten geçiyor:

1. *Hayatınızda elde ettiğiniz her şey için minnet duyun (geçmiş).*

2. *Hayatınızda halen elde ediyor olduğunuz her şey için minnet duyun (bugün).*

3. *Hayatınızda istedikleriniz için, zaten elde etmişçesine minnet duyun (gelecek).*

Eğer elde ettikleriniz ve halen elde ediyor olduklarınız için minnet duymazsanız şimdiki şartlarınızı değiştirecek gücünüz olmaz. Elde ettikleriniz ve halen elde ediyor olduklarınız için minnet duyarsanız o şeyler çoğalır. Aynı zamanda, minnettarlık size isteğinizi getirir! Hayatınızda istedikleriniz için sanki onu almışçasına minnet duyun ve çekim yasası onu size getirsin!

Minnet duymak kadar basit bir şeyin sevdiğiniz her şeyi çoğaltabileceğini ve hayatınızı tamamen değiştirebileceğini hayal eder miydiniz?

Boşanmış, yalnız, depresif ve nefret ettiği bir işte çalışan bir adam hayatını değiştirmek için sevgiyi ve minneti kullanmaya karar verdi. Gün içinde konuştuğu herkese olumlu davranmaya özen gösterdi. Ailesi ve eski dostlarıyla görüştüğünde olumlu ve mutlu haliyle onları şaşırttı. Sahip olduğu her şey için minnet duymaya başladı. Evinin musluklarından akan su için bile. Yüz yirmi gün içinde hayatında şunlar oldu: İşiyle ilgili nefret ettiği her şey mucizevi bir şekilde değişti ve şimdi işini çok seviyor. Hatta iş için, hep gitmeyi hayal ettiği yerlere seyahat ediyor. Ailesiyle ilişkileri hiç olmadığı kadar iyi. Arabasının borcu bitti ve daima ihtiyacı olan kadar parası var. Ne olursa olsun iyi günler yaşıyor. Ve tekrar evlendi. Onuncu sınıftaki ilk aşkıyla!

> *"Elde ettiğiniz bereket için şükran duymak, bereketin süreceğinin en büyük garantisidir."*
>
> Muhammed (570-632)
>
> İSLAMİYETİN KURUCUSU

Minneti biraz kullanırsanız hayatınız biraz değişir. Minneti her gün çokça kullanırsanız hayatınız şimdi hayal bile edemeyeceğiniz şekilde değişir. Hayatınızda minnet duyacağınız şeyler artmakla kalmaz, olumsuz şeyler de bertaraf olur. Nasıl bir olumsuzluğun içinde olduğunuzun önemi yok, her zaman minnet duyacak bir şey bulun. Bunu yaptığınızda sevginin olumsuzlukları yok edici gücünü kullanırsınız.

Minnettarlık Sevgiye Giden Köprüdür

"Yeterince sakin ve hazır olursak, her hayal kırıklığında bir telafi buluruz."

Henry David Thoreau (1817-1862)

DENEYÜSTÜCÜ YAZAR

Minnet, annemi en derin acıdan mutluluğa götürdü. Annemle babam birbirlerine ilk görüşte aşık olmuşlar ve hayatımda gördüğüm en güzel evliliğe sahiptiler.

Babam öldüğünde annem inanılmaz bir ıstırap ve özlem içindeydi. Ama tüm bu yasının ve acısının arasında minnet duyabileceği şeyler aramaya başladı. Babamla geçirdiği onlarca aşk dolu ve mutlu yıl için minnet duymanın yanı sıra gelecekte de minnet duyabileceği şeyler bulmaya çalıştı. Bulduğu ilk şey şimdi seyahat edebilecek olmasıydı. Seyahat etmek annemin hep istediği ama babam istemediği için o yaşarken gerçekleştiremediği bir şeydi. Annem hayaline kavuştu. Seyahat etti ve arzuladığı bir sürü başka şey yaptı. Minnettarlık annemi sonsuz acısından yeni ve mutlu bir hayata götüren köprü oldu.

Minnettar olduğunuzda mutsuzluk ya da başka olumsuz bir his beslemeniz mümkün değildir. Zor bir durumdaysanız bile minnet duyabileceğiniz bir şey arayın. Bir tane bulunca bir tane daha, sonra bir tane daha arayın. Minnet duymak için bulduğunuz her şey durumu değiştirir. Minnettarlık olumsuz duygulardan sevginin gücünden faydalanmaya geçişinizi sağlayan köprüdür!

"Minnet bir aşı, bir antitoksin, bir antiseptiktir."

John Henry Jowett (1864-1923)

PRESBİTERYEN VAİZ VE YAZAR

Gün içinde iyi bir şey başınıza geldiğinde teşekkür edin. Ne kadar küçük olursa olsun, teşekkür ederim deyin. Harika bir park yeri bulduğunuzda, radyoda en sevdiğiniz parçayı duyduğunuzda, siz yaklaşırken yeşile dönen bir trafik ışığı için, otobüs ya da trende boş yer bulduğunuzda *teşekkür ederim* deyin. Bunların hepsi hayattan aldığınız iyi şeyler.

Duyularınız için teşekkür edin: Gören gözleriniz, duyan kulaklarınız, tat alan ağzınız, koku alan burnunuz, hissetmenizi sağlayan deriniz için. Bedeninizi taşıyan bacaklarınız, hemen her şey için kullandığınız elleriniz, kendinizi ifade etmenizi ve başkalarıyla iletişim kurmanızı sağlayan sesiniz için teşekkür edin. Sizi sağlıklı tutan ya da iyileştiren bağışıklık sisteminiz ve vücudunuzun işlemesini sağlayan organlarınız için teşekkür edin. Teknoloji dünyasındaki hiçbir bilgisayar sisteminin kopyalayamadığı insan zihninizin ihtişamı için teşekkür edin. Vücudunuz gezegendeki en büyük laboratuvar ve onun ihtişamını kopyalamaya yaklaşabilmiş hiçbir şey yok. Siz bir mucizesiniz!

Eviniz, aileniz, arkadaşlarınız, işiniz ve evcil hayvanlarınız için teşekkür edin. Güneş, içtiğiniz su, yediğiniz yemek ve soluduğunuz hava için teşekkür edin; onlarsız yaşayamazdınız.

Ağaçlar, hayvanlar, okyanuslar, kuşlar, çiçekler, bitkiler, gökyüzü, ay, yıldızlar ve güzel gezegenimiz için teşekkür edin.

Her gün kullandığınız taşıtlar için teşekkür edin. Rahat bir hayat yaşamanızı sağlamak için hizmetlerini sizinle paylaşan firmalar için teşekkür edin. Siz musluğunuzu açtığınızda temiz su elde edin diye bir sürü insan çok çalıştı, çok alın teri döktü. Elektrik düğmesine bastığınızda odanızın aydınlanabilmesi için bir sürü insan hayatları boyunca uğraştı. Gezegenimizi demiryollarıyla kaplamak için köle gibi çalışan insanların yüceliğini düşünün. Hele dünyayı birbirine bağlayan yolları yapanların nasıl büyük bir emek harcadığını hayal etmek bile imkansız.

> *"Günlük hayatta verdiğimizden çok daha fazlasını aldığımızın ve hayatın ancak minnetle zenginleşebileceğinin farkına nadiren varırız."*
>
> Dietrich Bonhoeffer (1906-1945)
> LUTERYEN PAPAZ

Minnet gücünü kullanmak için alıştırma yapın. Minneti daha çok *hissedip* daha çok sevgi verin. Daha çok sevgi verdikçe daha çok sevgi *alacaksınız*.

Sağlığınız iyiyken bunun için minnettar mısınız? Yoksa onu bir tek hastalandığınızda ya da yaralandığınızda mı fark ediyorsunuz?

İyi bir uyku çektiğiniz için minnettar olur musunuz? Yoksa uykunun değerini ancak uykusuz kaldığınızda mı anlarsınız?

Her şey iyi giderken sevdikleriniz için minnettar olur musunuz, yoksa sadece ilişkilerinizde problem varken mi onlardan bahsedersiniz?

Elektrikli bir alet kullandığınızda ya da elektriği açtığınızda onun için minnet duyuyor musunuz? Yoksa elektriğin değerini ancak elektrikler kesildiğinde mi anlıyorsunuz?

Her gün hayatta olduğunuz için minnettar mısınız?

Her an, minnet duymanız ve sevdiğiniz şeyleri artırmanız için bir fırsattır. Ben minnettar biri olduğumu sanırdım. Meğer onu gerçekten kullanana dek minnetin ne olduğunu bile bilmiyormuşum.

Eğer araba kullanıyorsam ya da yürüyorsam bu zamanı hayatımdaki her şey için teşekkür ederek değerlendiriyorum. Mutfağımdan yatak odama yürürken bile teşekkür ederim. Tüm kalbimle şöyle derim: "Hayatım için teşekkürler. Ahengim için teşekkürler. Neşem için teşekkürler. Sağlığım için teşekkürler. Eğlence ve heyecan için teşekkürler. Hayatımdaki mucizeler için teşekkürler. Hayatımdaki harika ve iyi şeyler için teşekkürler."

Minnettar olun! Minnetin size hiçbir maliyeti yok ama hayatın tüm zenginliklerine değer. Minnet sizi hayatın tüm zenginlikleriyle donatır çünkü her ne için minnettarsanız o çoğalır!

Oyun Anahtarı

Kendinizi hayatınızdaki herhangi bir konuda iyi hissetmenin tek ve kesin bir yolu var, o da hayal gücünüzle oyunlar üretip oynamak. Oyunlar eğlencelidir ve oyun oynadığınızda kendinizi gerçekten iyi hissedersiniz.

Bir noktada çocukluğumuzdaki gibi oyun oynamaktan ve eğlenmekten vazgeçtik, bunun sonucunda birer yetişkin olduk ve hayatı daha ciddiye almaya başladık. Ama ciddiyet hayatınıza ciddi durumlar getirir. Oyun oynadığınızda ve eğlendiğinizde kendinizi gerçekten iyi hissedersiniz ve -hop!- hayatınıza iyi şeyler giriverir.

Hayatın eğlenceli olması lazım. Çekim yasasıyla oyun oynayın, hayal gücünüzle oyunlar icat edin. Çekim yasası neyin hayal neyin gerçek olduğunu bilmez ya da umursamaz. Hayalgücünüzle ne verir, ne hissederseniz gerçek olur!

Nasıl Oynayacaksınız

"Sevgi yasası en iyi, çocuklar aracılığıyla anlaşılır ve onlardan öğrenilir."

Mahatma Gandhi (1869-1948)

HİNTLİ SİYASİ LİDER

Nasıl mı oyun oynayacaksınız? Çocukken yaptığınızı yapacaksınız ve hayal gücünüzü kullanarak oyunlar uyduracaksınız.

Gelin biraz hayal kuralım. Diyelim ki bir bisikletçisiniz ve dünyadaki en iyi bisikletçi olup Fransa Bisiklet Turu'nu kazanmak istiyorsunuz. İdmanlarınız iyi gidiyor ve kendinizi hayallerinize yakın görüyorsunuz ama size bir hastalık teşhisi konuyor ve hayatta kalma olasılığınızın yüzde kırk olduğu söyleniyor. Tedavi görürken hayatınızın yarışı Fransa Turu'nda pedal çevirdiğinizi hayal ediyorsunuz. Tıp personelini antrenör ekibiniz olarak görüyorsunuz. Her kontrol noktasında size yardımcı oluyorlar, bilgi veriyorlar. Her gün zamanla yarıştığınızı hayal ediyorsunuz ve giderek daha iyi oluyorsunuz! Tıp personelinizle yarışı kazanıyor ve hastalığı yeniyorsunuz.

Sağlığınıza kavuştuktan bir yıl sonra Fransa Turu'nu kazanıyor ve onu yedi yıl üst üste kazanmaya devam ederek tarihe bir ilk olarak adınızı yazdırıyorsunuz! Lance Armstrong bunu yaptı. En zor şartlarda hayali bir oyun yarattı ve hayalini gerçeğe dönüştürdü.

Diyelim ki hem dünyadaki en gelişmiş vücuda sahip olmak hem de Amerika'da tanınmış bir aktör olmak istiyorsunuz. Avrupa'da küçük bir köyde yaşıyorsunuz ve maddi imkanları epey kısıtlı bir aileniz var ama hala hayal kurmaya devam ediyorsunuz. Vücudunuzu geliştirirken bir kahramanın resmini kullanıyorsunuz ve Avrupa Vücut Şampiyonu unvanını aldığınızı hayal ediyorsunuz. Bu unvanı yedi kez alıyorsunuz ve şimdi sıra ünlü bir aktör olmaya geliyor. Amerika'ya gidiyorsunuz ama kimse sizin iyi bir oyuncu olduğunuza inanmıyor ve size hayalinize asla kavuşamayacağınızı söylüyorlar. Fakat siz ünlü bir aktör olmayı hayal ettiniz ve başarıyı hissediyorsunuz, onun tadını alabiliyorsunuz ve gerçekleşeceğini biliyorsunuz. Arnold Schwarzenegger, Bay Olympia unvanını yedi kez kazanırken ve Hollywood'daki en tanınmış aktörlerden biri olurken bunu yaptı.

Diyelim ki büyük bir mucit olmayı hayal ediyorsunuz. Çocukluğunuzda zihniniz fazlasıyla zorlandı, sanrılar ve kör edici ışıklarla kendinizi kaybettiniz. Üniversiteyi bitiremediniz ve ruhsal çöküntü yüzünden işinizi bırakmak zorunda kaldınız. Felce uğratıcı sanrılardan biraz olsun kurtulup rahatlamak için kendi hayali dünyanızı yaratarak zihninizin kontrolünü ele geçirdiniz. Daha parlak bir gelecek fikrinden ilham alarak hayal gücünüzü yeni icatlara yönlendirdiniz. Hayalinizde bir icat yarattınız, sonra bir taslak bile çizmeden o icadı şekillendirdiniz, geliştirdiniz, hatta çalıştırdınız. Zihninizde bir laboratuvar yarattınız ve fikrinizi somut bir alete dönüştürmeden önce hayal gücünüzü yeni icadınızın işleyişini kontrol etmek için kullandınız. En büyük mucitlerden biri Nikola Tesla tam da bunu yaptı. Dalgalı akım motorundan radyo, hoparlör, kablosuz iletişim, floresan ışık, lazer ışınları, uzaktan kumandaya kadar üç yüzden fazla patentli icadının hepsini aynı yolla, hayal gücüyle yarattı.

> *"Mantık sizi A noktasından B noktasına götürür. Hayal gücü her yere."*
>
> Albert Einstein (1879-1955)
>
> NOBEL ÖDÜLLÜ FİZİKÇİ

İstediğiniz şey her ne olursa olsun hayal gücünüzü kullanın, oyunlar yaratın ve oynayın. Size yardımı olacak her desteği kullanın. Kilo vermek ya da daha iyi bir vücuda sahip olmak istiyorsanız size şimdi o vücuda sahip olduğunuzu hissettirecek oyunlar yaratın. Etrafınızı güzel vücutların fotoğraflarıyla çevreleyin. Ama asıl numara şu: O vücutların kendinizin olduğunu hayal etmelisiniz! Bir başkasının değil kendi vücudunuza baktığınızı hayal etmeli ve hissetmelisiniz.

Fazla kilolu ya da zayıfsınız, peki şu anda ideal kiloda olsaydınız nasıl hissederdiniz? Şimdi hissettiğinizden farklı hissedeceğiniz muhakkak. Sizinle ilgili her şey değişirdi. Farklı yürür, farklı konuşur, her şeyi farklı yapardınız. Şimdi de öyle yürüyün! Şimdi de öyle konuşun! Şimdi de öyleymiş gibi davranın! Neyi istediğiniz önemli değil onunla nasıl hissedeceğinizi hayal edin ve hayalinizde öyle davranın. Hislerinizle hayal ettiğiniz her neyse onu çekim yasasına verirsiniz ve alırsınız.

Lance Armstrong, Arnold Schwarzenegger, Nikola Tesla... Bu insanlar hayal güçleriyle oyun oynadı ve hayallerini tüm kalpleriyle hissetti. Hayalleri onlara o kadar gerçek geldi ki hayallerini hissedebildiler ve gerçekleşeceğini bildiler. Hayalinizin size ne kadar uzak göründüğünün önemi yok. Aslında o size hayatınızdaki her şeyden daha yakın çünkü hayalinizi size getirecek tüm güç içinizde!

"İnanan biri için her şey mümkün."

İsa (M.Ö. 5. YY. M.S. 30 CİVARI)

HIRİSTİYANLIĞIN KURUCUSU, MARK 9:23'TEN

Gelecekte hayal gücümüzün gücü konusunda daha çok keşfe tanık olacağız. Bilimadamları bir şey hayal ettiğimizde hareketi fiziksel olarak yapıyormuşçasına beynimizin aynı alanlarında faaliyete geçen özel ayna hücreler keşfetti. Diğer bir deyişle, yaşamak istediğiniz şeyi hayal ettiğinizde beyniniz ona gerçekmiş gibi tepki veriyor.

Eğer geçmişteki ya da gelecekteki bir şeyden bahsediyorsanız o şeyleri şimdi hayal ediyorsunuz, şimdi hissediyorsunuz, o şeylerle aynı frekanstasınız demektir ve çekim gücünün aldığı budur. İsteğinizi hayal ettiğinizde çekim yasası onu şimdi alır. Unutmayın, çekim yasası için zaman yoktur. Sadece şimdi, bu an vardır.

İsteğinize kavuşma konusundaki gecikmeniz isteğinizin bulunduğu duygu frekansına geçişinizdeki süreç yüzündendir. İsteğinizle aynı frekansa geçmek için isteğinizi elde etmiş gibi hissetmelisiniz! Kendinizi aynı duygu frekansına soktuğunuzda orada durun ve isteğiniz gerçekleşsin.

> *"İhtiyaç ya da istek duyabildiğiniz her şey zaten sizindir. Hayal ederek ve dileğinizin gerçekleştiğini hissederek arzularınızı çağırın."*
>
> Neville Goddard (1905-1972)
>
> Yeni Düşünce yazarı

Herhangi bir şeyle ilgili gerçekten heyecanlandığınızda ve kendinizi harika hissettiğinizde o enerjiyi yakalayın ve isteğinizi hayal edin. İsteğinize kavuşmada heyecanınızı kullanmanız için hayalinizin zihninizde belirip kaybolması ve onu hissetmeniz yeterli! Bu bir oyun. Bir eğlence. Hayatınızı yaratmanın coşkusu.

ÖZET GÜÇ

Sevgi Anahtarı

- *Sevgiyi hayatınızdaki en temel güç olarak kullanmak için daha önce sevmediğiniz gibi sevmelisiniz. Hayatınıza aşık olun!*
- *Sadece sevgiyi görün. Sadece sevgiyi duyun. Sadece sevgiyi konuşun. Ve tüm kalbinizle sadece sevgiyi hissedin.*
- *Hissedebileceğiniz sevginin sınırı yok, tavanı yok ve hepsi sizin içinizde! Siz sevgiden yapıldınız.*
- *Her gün çekim yasasına, sevgiyi hissederek sevdiğiniz şeyleri bir bir söyleyin.*
- *Hislerinizi değiştirmek ve iyi hisleri artırmak için sevdiğiniz şeylerin zihninizde bir listesini yapın.*
- *Göreviniz her gün elinizden geldiğince sevmek.*
- *Etrafınızdaki her şeyde sevgiyi hissedebilmek için uyanık olun. Her gün sevebileceğiniz şeyler bulmak için bilinçli bir çaba harcayın.*

Minnettarlık Anahtarı

- *Her minnet duyuşunuzda sevgi verirsiniz.*
- *Hayatınızda elde ettiğiniz her şey için minnet duyun (geçmiş). Hayatınızda halen elde ediyor olduğunuz her şey için minnet duyun (bugün). Hayatınızda istedikleriniz için, onları zaten elde etmişçesine minnet duyun (gelecek).*
- *Minnet sevgi vermektir ve minnettar olduğunuzda minnetiniz hayatınızdaki her şeyi çoğaltır.*
- *Minnettarlık, olumsuz duygulardan sevginin gücünden faydalanmaya geçişinizi sağlayan köprüdür!*
- *Minnettarlık gücünü kullanmak için alıştırma yapın. Gün içinde iyi bir şey başınıza geldiğinde teşekkür edin. Ne kadar küçük olursa olsun, "Teşekkür ederim," deyin.*
- *Daha çok minnet hissettikçe daha çok sevgi verirsiniz ve daha çok sevgi verdikçe daha çok sevgi alırsınız.*
- *Her an, sevdiğiniz şeyler için minnet duymak ve onları çoğaltmak için bir fırsattır.*

Oyun Anahtarı

- *Oyun oynadığınızda kendinizi gerçekten iyi hissedersiniz ve hayatınıza gerçekten iyi durumlar girer. Ciddiyet ciddi durumlar getirir.*

- *Hayat eğlenceli olmalı.*

- *Çekim yasası hayal kurup oyun oynadığınızı bilmez. Dolayısıyla hayalgücünüz ve oyunlarınızla verdikleriniz gerçek olur!*

- *İstediğiniz her neyse, hayalinizi kullanın, oyunlar yaratın ve oynayın. Size yardımı olacak tüm destekleri kullanın.*

- *Dileğinize sahipmiş gibi davranın! Hislerinizle hayal ettiğiniz her şeyi çekim yasasına verir ve alırsınız.*

- *İsteğinize kavuşma konusundaki gecikmeniz, isteğinizin bulunduğu duygu frekansına geçişinizdeki süreç yüzündendir.*

- *Herhangi bir şeyle ilgili gerçekten heyecanlandığınızda ve kendinizi harika hissettiğinizde o enerjiyi yakalayın ve isteğinizi hayal edin.*

GÜÇ VE PARA

"Fakirlik fakir hissedince oluşur."

Ralph Waldo Emerson (1803-1882)

DENEYÜSTÜCÜ YAZAR

Para konusunda nasıl hissediyorsunuz? Çoğu insan parayı sevdiğini ama yeterince parası olmadığında onun hakkında kötü hissettiğini söyleyecektir. Eğer bir insanın ihtiyaç duyduğu kadar parası varsa para konusunda kendini iyi hisseder. Para konusunda kendinizi nasıl hissettiğinizi hemen anlayabilirsiniz çünkü yeterince paranız yoksa o zaman para konusunda iyi hissetmezsiniz.

Dünya geneline bakarsanız çoğunluğun para konusunda iyi hissetmediğini görürsünüz. Çünkü dünya parasının ve zenginliğinin büyük bölümü, yüzde onluk bir kesimin elinde. Zengin insanlarla diğerleri arasındaki tek fark zengin insanların para konusunda kötüden ziyade daha fazla iyi şey hissetmeleri. Bu kadar basit.

Neden çoğu insan parayla ilgili kötü şeyler hissediyor? Paraları olmadığı için olamaz çünkü parası olan çoğu insan da para kazanmaya sıfırdan başlar.

İnsanların parayla ilgili kötü hisleri olmasının sebebi, parayla ilgili olumsuz inançları. Ve bu olumsuz inançlar daha çocukken bilinçaltlarına yerleşiyor. Ona paramız yetmez, para kötüdür, zenginler dürüst değildir, para istemek yanlıştır ve manevi bir şey değildir, çok paran olması için çok çalışmalısın gibi sözlerle.

Çocukken anne babanızın, öğretmeninizin ya da toplumun size söylediklerini kabul edersiniz. Ve farkına bile varmadan, parayla ilgili olumsuz hislerle büyürsünüz. İşin ironik yanı hem para istemenin yanlış olduğu söylenir hem de istemediğiniz bir işi yapmak pahasına bile olsa hayatınızı kazanmanız gerektiği. Hatta genellikle hayatınızı ancak belirli mesleklerle kazanabileceğiniz söylenir ki bu sınırlı bir listedir.

Hiçbiri doğru değil. Size bunları söyleyenler masum, neticede sadece doğru olduğuna inandıklarını ve hissettiklerini aktarıyorlar. Ve bunlara inandıkları için çekim yasası hayatlarında bunları gerçek kılmış. Şimdi hayatın tamamen farklı bir biçimde işlediğini öğreniyorsunuz. Eğer hayatınızda para eksikse para hakkında iyiden ziyade daha çok kötü his verdiğiniz içindir.

"Hiçbir şeyin eksik olmadığını fark ettiğinizde tüm dünya size aittir."

Lao Tzu (M.Ö. 6. YÜZYIL CİVARI)

TAOİZMİN KURUCUSU

Sevgi Yapıştırıcı Güçtür

Mütevazı bir aileden geldim ve annemle babam çok para istemeseler de hep iki yakalarını bir araya getirmek için çabaladı. Dolayısıyla para konusunda çoğu insanla aynı olumsuz inançlarla büyüdüm. Şartlarımı değiştirmek için para konusundaki hislerimi değiştirmem gerektiğini biliyordum ve paranın sadece gelmekle kalmayıp bana yapışabilmesi için kendimi tamamen değiştirmem gerektiğini de biliyordum.

Parası olan insanların onu kendilerine çekmekle kalmayıp aynı zamanda yapıştırabildiklerinin farkındaydım. Dünyadaki tüm parayı alıp herkese eşit pay ederseniz o para kısa bir süre içinde yine o belirli kesimin eline döner çünkü çekim yasası sevgiyi izler. Para konusunda olumlu hisleri olanlar parayı mıknatıs gibi kendilerine çeker. Sevginin gücü dünyadaki tüm para ve zenginliği hareket ettirir ve bunu yasaya bağlı kalarak yapar.

> *"Bu temel ve ebedi bir kuraldır, her şeyin özünde, felsefedeki her sistemde, her dinde ve tüm bilimlerde vardır. Sevgi yasasından kaçış yoktur."*

Charles Haanel (1866-1949)

YENİ DÜŞÜNCE YAZARI

Çekim yasasının işleyişini insanlar piyango kazandığında görebilirsiniz. Onlar tüm kalpleriyle piyangoyu kazanacaklarını hayal edip hissetmişlerdir. Öncesinde hep piyangoyu kazanınca ne yapacaklarından bahsetmişlerdir. Kazanırlarsa yapacaklarından değil. Kazandıklarında ne yapacaklarını hayal edip planlamışlardır. Ve sonunda da kazanmışlardır! Ama piyango talihlileri hakkındaki istatistikler paranın yapışıp yapışmadığının asıl kanıtıdır. Talihlilerin çoğu birkaç yıl içinde paralarını kaybeder ve eskisinden daha büyük borca girer.

Bunun sebebi piyangoyu kazanmak için çekim yasasını kullanmaları ama parayı elde ettikten sonra bile para konusundaki hislerini değiştirmemeleridir. Bu yüzden para onlara yapışmaz!

Para konusunda iyi hissetmezseniz onu itersiniz. Size asla yapışmaz. Planlamadığınız bir para aldığınızda bile hemen parmaklarınızın arasından kayıp gider. Daha büyük faturalar gelir, işler ters gider, her çeşit beklenmedik durum oluşur ve paranızın kökünü kurutur.

Öyleyse parayı ne yapıştırır? Tabii ki sevgi! Sevgi parayı getiren güçtür. Paranın yapışmasını da sevginin gücü sağlar! Bunun iyi bir insan olup olmamanızla ilgisi yok. O yönünüz zaten tartışmasız. Emin olun siz zannettiğinizden çok daha muhteşemsiniz.

Parayı kendinize çekmek ve yapıştırmak için para konusunda sevgi vermeli ve iyi hissetmelisiniz. Eğer şu anda para sıkıntısı çekiyorsanız ve kredi kartı borcunuz artıyorsa, demek ki yapıştırıcı güce sahip değilsiniz ve parayı itiyorsunuz.

İçinde bulunduğunuz maddi durumun önemi yok. İşinizin, ülkenizin ve dünyanın nasıl bir ekonomik durumda olduğunun önemi yok. Umutsuz durum diye bir şey yoktur. Büyük Buhran sırasında başarıya ulaşan insanlar da oldu çünkü onlar sevgi ve çekim yasasından haberdardı. İstediklerini hayal edip hissederek yasayı yaşadılar ve etraflarını çeviren şartlara meydan okudular.

"Hayatlarımızın iyi geçmesine izin verelim ve öyle geçsin. Zamanı kendimiz yaratırız. Biz nasılsak zamanımız da aynı bizim gibidir."

Hippolu Aziz Augustine (354-430)
İLAHİYATÇI VE PİSKOPOS

Sevginin gücü her engeli aşar. Dünya sorunları sevginin gücü için engel değildir. Çekim yasası aynı güçle işler, dönemin iyi ya da kötü olmasının önemi yoktur.

Para Hakkındaki Hislerinizi Nasıl Değiştireceksiniz

Para hakkındaki hislerinizi değiştirdiğinizde hayatınızdaki paranın miktarı değişecek. Para hakkında daha iyi hissettiğinizde daha çok parayı kendinize çekeceksiniz.

Yeterince paranız yoksa yüksek bir fatura size kendinizi iyi hissettirmez. Ama yüksek bir faturaya olumsuz tepki verdiğiniz anda kötü duygular yayarsınız ve kesinlikle daha da yüksek faturalarla karşı karşıya kalırsınız. Ne verirseniz onu alırsınız. Faturalarınızı öderken en önemli şey, kendinizi iyi hissettirecek bir yol bulmanız. Faturalarınızı asla kötü hissederken ödemeyin. Bu durumda kendinize daha yüksek faturaları çekersiniz.

Hissettiklerinizi değiştirmek için hayal gücünüzü kullanın ve faturalarınızı size kendinizi daha iyi hissettirecek bir şeye dönüştürün. Aslında fatura olmadıklarını, size verdikleri mükemmel hizmet karşılığında sırf iyiliğinizden firmalara ya da insanlara para bağışladığınızı hayal edebilirsiniz.

Faturalarınızı aldığınız çekler olarak hayal edin. Ya da minneti kullanın, servislerinden -örneğin size sağladıkları elektrikten- nasıl yararlandığınızı düşünün ve faturayı yollayan kuruma teşekkür edin. Ödenmiş faturanın üzerine "Teşekkürler, ödendi," yazabilirsiniz. Eğer faturayı hemen ödeyecek paranız yoksa üzerine "Para için teşekkürler," yazın. Çekim yasası hayallerinizle hissettiklerinizin gerçek olup olmadığına bakmaz. Verdiğinize tepki verir. Nokta.

> *"Zamanınıza ya da emeğinize göre değil sevginizin ölçüsüne göre ödüllendirilirsiniz."*
>
> *Sienalı Azize Catherine* (1347-1380)
>
> FİLOZOF VE KATOLİK KİLİSESİ'NİN ÖNDE GELENLERİNDEN

Maaşınızı aldığınızda minnettar olun ki artsın! Çoğu insan maaş aldığında kendini iyi bile hissetmez çünkü parayı yettirmenin derdine düşer. Ve her maaş alışta sevgi vermek için mükemmel bir fırsatı kaçırır. Elinize para geçtiğinde para az bile olsa siz yine de minnettar olun! Unutmayın, minnet en büyük çoğaltıcıdır. Ne için minnettarsanız o çoğalır!

Oyun Oynamak İçin Her Fırsatı Değerlendirin

Elinizde para olan her anı kendinizi iyi hissederek değerlendirin ki paranızı katlayın. Bir şey için para aldığınızda sevgi hissedin! Para verdiğinizde sevgi hissedin! Paranızın onu verdiğiniz şirketin ve orada çalışanların işine yaradığını hayal edip sevgiyi tüm kalbinizde hissedin. Bu kendinizi az paranız kaldığı için üzülmekten daha iyi hissettirir. İkisi arasındaki fark bir sürü paranız olması ile hayatınız boyunca para için mücadele etmeniz arasındaki farktır.

İşte her elinize para geçişinde iyi hissetmeyi hatırlamanıza yardımcı olacak bir oyun. Bir banknot düşünün. Ön tarafını çok parayı temsil eden olumlu taraf, arka tarafını da parasızlığı temsil eden olumsuz taraf olarak hayal edin. Elinize her para geçişinde onları böyle düzenleyip ön taraflarını üste koyun, banknotları cüzdanınıza ön yüzü size bakacak şekilde yerleştirin. Para verirken ön tarafının üste geldiğinden emin olun. Bunu yaparak parayı çok parayla ilgili iyi hissetmenizi hatırlatacak bir işaret olarak kullanırsınız.

Eğer kredi kartı kullanıyorsanız adınızın bulunduğu tarafı öne getirin çünkü kredi kartınızın ön yüzü size para bolluğu olduğunu söyler ve üzerinde adınız yazar!

Herhangi bir şey için ödeme yaptığınızda kartınızı ya da paranızı verirken onu verdiğiniz insan için para bolluğu hayal edin ve isteyin. Ne verirseniz onu alırsınız!

Şimdi varlıklı olduğunuzu hayal edin. İhtiyacınız olan tüm paraya sahip olduğunuzu hayal edin. Hayatınızı nasıl yaşardınız? Yapacağınız şeyleri düşünün. Ne hissederdiniz? Farklı hissederdiniz ve farklı hissettiğiniz için farklı yürürdünüz. Farklı konuşurdunuz. Duruşunuz ve hareketleriniz değişirdi. Her şeye farklı tepkiler verirdiniz. Faturalara tepkiniz farklı olurdu. İnsanlara, olaylara, durumlara ve hayattaki her şeye tepkiniz farklı olurdu. Çünkü farklı hissederdiniz! Rahatlardınız. İç huzurunuz olurdu. Mutlu hissederdiniz. Her konuda daha tasasız olurdunuz. Her gününüzden zevk alırdınız ve yarını düşünmezdiniz. Yakalamak istediğiniz his bu. Bu, parayı sevme hissi ve bu his hem mıknatıs gibi çekici hem yapıştırıcı!

"Gerçekleşmiş hayalinizle bağdaşan hissi yakalayın, istediğiniz şeyi elde ettiğinizde o hissi yaşayacağınızı farz edin ve isteğiniz kendini gerçekleştirsin."

Neville Goddard (1905-1972)

Yeni Düşünce yazarı

Paraya Evet Deyin

Unutmayın, ne zaman bir insanın daha çok para ya da başarı elde ettiğini duyarsanız heyecanlanın çünkü bu siz de aynı frekanstasınız demektir! Bu iyi bir frekansta olduğunuzun kanıtı, dolayısıyla sizin başınıza gelmiş gibi heyecanlanın. Yeni haberlere verdiğiniz tepki çok önemlidir. Başka bir insan için sevinir, coşku ve heyecanla tepki verirseniz kendiniz için daha çok para ve başarıya da *evet* demiş olursunuz. Eğer aynısı size olmadığı için hayal kırıklığına uğrar ve kıskanırsanız, kötü hisleriniz kendiniz için daha çok paraya ve başarıya hayır der. Birinin piyango kazandığını, bir şirketin rekor derecede kar yaptığını duyarsanız, onlar için heyecanlanın ve mutlu olun. O haberleri duymanız aynı frekansta olduğunuzun işaretidir ve o insanlar için iyi hissetme tepkiniz sizin için evet der!

Birkaç yıl önce hayatımın en büyük maddi çöküntüsünü yaşıyordum. Bir sürü kredi kartı borcum vardı, dairem ipotekliydi ve şirketim milyonlarca dolarlık borç içindeydi çünkü *The Secret* diye bir film çekiyordum. Sanırım maddi bakımdan olabilecek en berbat haldeydim. Filmi bitirmek için para istiyordum. Çekim yasasını biliyordum ve para konusunda iyi şeyler hissetmemin bana para getireceğini de biliyordum. Ama kolay değildi çünkü her gün giderek yığılan borçlarla, para için arayan insanlarla karşı karşıya kalıyordum ve çalışanlarımın ücretlerini nasıl ödeyeceğim hakkında en ufak bir fikrim yoktu. Sonunda etkili bir adım attım.

Bir ATM'ye gidip kredi kartı hesabımdan birkaç yüz dolar çektim. Faturalarımı ödemek ve yiyecek bir şeyler almak için o paraya çok ihtiyacım vardı ama elimde parayla işlek bir caddede yürüyüp hepsini yanımdan geçenlere dağıttım.

Elimde elli dolarlık banknotlarla yürürken bana doğru gelen insanların yüzüne bakıp kime para vereceğimi kararlaştırmaya çalışıyordum. Aslında herkese para vermek istiyordum ama belirli bir miktarım vardı. Onun için seçimi kalbime bıraktım ve parayı her tipte insana verdim. Hayatımda ilk kez para için sevgi hissettim. Ama sevgi hissetmemi sağlayan para değil, onu para için sevgi hissetmeme sebep olan insanlara vermekti. Bir cuma günüydü ve sonrasında bütün hafta sonu para vermenin ne kadar iyi hissettirdiğiyle ilgili sevinç gözyaşları döktüm.

Pazartesi öğleden sonra şaşılacak bir şey oldu: İnanılmaz bir olaylar silsilesi sonucu banka hesabıma yirmi beş bin dolar yattı. O yirmi beş bin dolar resmen gökten düşmüş gibiydi. Birkaç yıl önce bir arkadaşın şirketinden hisse almıştım ve hiç değer kazanmadıkları için onları unutmuştum. Ama o pazartesi sabahı bir telefon geldi. Hisselerimin tavan yaptığını, onları satıp satmayacağımı soruyorlardı ve pazartesi öğleden sonra hisselerimin satışından elde edilen para hesabımdaydı.

Bana para getirmesi için para dağıtmamıştım. Bunu yapmamın sebebi para için sevgi hissetmeye çalışmamdı. Para konusundaki hislerimi değiştirmek istemiştim. Parayı para elde etmek için verseydim asla işe yaramazdı. O zaman sevgiyle harekete geçmek yerine olumsuz bir parasızlık hissiyle harekete geçmiş olurdum. Ama eğer para verirseniz ve onu verirken sevgi hissederseniz kesinlikle size geri döner. Bir adam bir çek yazdı ve değeceğini düşündüğü bir hayır kurumuna yüz dolar bağışladı. Çeki yazmasından on saat sonra şirketi en büyük satışını yaptı.

"Önemli olan ne kadar verdiğimiz değil, verdiğimize ne kadar sevgi kattığımızdır."

Rahibe Teresa (1910-1997)

Nobel Barış Ödülü sahibi misyoner

Eğer para sıkıntısı içindeyseniz para konusunda gerçekten iyi hissetmek için gün boyunca sokakta yanınızdan geçenlere para bolluğuyla ilgili düşünceler yollayabilirsiniz. Her birinin yüzlerine bakın ve onlara bir sürü para verdiğinizi hayal edin, ne kadar sevineceklerini hayal edin. Hissedin ve sonra başka bir insana geçin. Bunu yapmak basit ama gerçekten hissederseniz para konusundaki hisleriniz değişir ve sonucunda hayatınızdaki maddi şartlar da değişir.

Kariyer ve İş

"Gerçek deha kalp olmadan hiçbir işe yaramaz. Dehayı yaratan sadece yüce anlayış, yüce zeka ya da ikisinin karşımı değildir. Sevgi! Sevgi! Sevgi! Gerçek dehanın ruhu budur."

Nikolaus Joseph von Jacquin (1727-1817)
HOLLANDALI BİLİMADAMI

Dünyadaki tüm parayı hareket ettiren sevginin çekici gücüdür ve kim sevgi vererek iyi hissederse parayı mıknatıs gibi çeker. Kendinizi kanıtlamak için para kazanmak zorunda değilsiniz. Şimdi ihtiyacınız olan paraya zaten değersiniz! Şimdi ihtiyacınız olan parayı zaten hak ediyorsunuz! Zevk için çalışmalısınız! Sizi heyecanlandırdığı için çalışmalısınız. Sevdiğiniz için çalışmalısınız! Yaptığınız işi severseniz para da arkasından gelir!

Eğer bir işi para kazanmanızın tek yolunun bu olduğuna inandığınız için yapıyorsanız ve onu sevmiyorsanız bu yolla sevdiğiniz işi ya da parayı asla kendinize çekemezsiniz. Sevdiğiniz iş şu anda var ve onu size getirmek için tek yapmanız gereken sevgi vermek. Şimdi o işe sahip olduğunuzu hayal edip hissedin ve alın. Sahip olduğunuz işin iyi yönlerini bulmaya çalışın ve o yönleri sevin. Çünkü sevgi verdiğinizde arkasından sevdiğiniz şeyler gelir. Sevdiğiniz iş hayatınıza giriverir!

İşsiz bir adam hep istediği işe başvurdu. İşe başvurduktan sonra, şirketten gelen sözde bir teklif mektubu hazırladı. Bunda maaşı ve işin detayları yazılıydı. Üzerinde kendi adı ve şirketin logosu olan bir kartvizit yaptı ve buna her bakışında gerçekten orada çalışıyormuşçasına minnet duydu. Birkaç günde bir kendine işi aldığı için tebrik e-mailleri yazdı.

Bu adam bir telefon mülakatından ve on insanla yaptığı yüz yüze mülakatlardan geçti. Mülakatlarından iki saat sonra şirket yetkilileri arayıp işi aldığını haber verdi. Bu adam hep hayalini kurduğu işe ve hayali teklif mektubuna yazdığı maaştan çok daha fazlasına kavuştu.

Hayatınızda ne istediğinizi bilmeseniz bile tek yapmanız gereken, iyi hisleriniz aracılığıyla sevgi vermek. Böylece sevdiğiniz her şeyi kendinize çekeceksiniz. Sevgi hisleriniz sizi amacınıza ulaştıracak. Hayallerinizin işi sevgi frekansında ve onu almak için kendinizi oraya götürmelisiniz.

"Başarı mutluluğun anahtarı değildir. Mutluluk başarının anahtarıdır."

Albert Schweitzer (1875-1965)

NOBEL BARIŞ ÖDÜLÜ SAHİBİ,
TIP MİSYONERİ VE FİLOZOF

İşteki başarı da aynı şekilde işler. Bir iş sahibiyseniz ve işler istediğiniz gibi gitmiyorsa işinizle ilgili bir şey yapışkan değildir. İşlerin ters gitmesinin en büyük sebebi başarısızlık hakkında kötü hisler vermektir. Küçük bir maddi sıkıntıya kötü hislerle tepki verirseniz daha büyük bir darboğaz oluşturursunuz. İşinizin hayal bile edemeyeceğiniz kadar büyümesi için gereken tüm ilham ve fikirler sevgi frekansında, bu yüzden işinizle ilgili iyi hissetmenin yollarını bulmalısınız. Kendinizi zirveye ancak böyle taşıyabilirsiniz.

Hayal edin, oynayın ve oyunlar yaratın. Moralinizi yükseltmek ve iyi hissetmek için elinizden geleni yapın. Moralinizi yükselttiğinizde işinizi de yükselteceksiniz. Hayatınızın her alanında, her gün, gördüğünüz her şeyi sevin, etrafınızdaki her şeyi sevin ve diğer firmaların başarısını kendi başarınızmış gibi sevin! Eğer, kimin başarısı olursa olsun, başarıyla ilgili gerçekten iyi hissederseniz başarıyı kendinize yapıştırırsınız!

Hangi mesleği yapıyor olursanız olun ya da nasıl bir işte çalışıyorsanız çalışın, kar ya da maaş olarak *aldığınız* paranın hakkını verin. İşinize aldığınız para kadar değer vermezseniz işiniz ya da kariyeriniz başarısızlığa mahkum olur. Çünkü hayatta kimseden bir şey alamazsınız, kendinizden alırsınız. Daima aldığınız kadar değer verin. Bunu yaptığınızdan emin olmanın tek yolu, işinize aldığınız paradan bile *daha çok* değer vermektir. Eğer ona aldığınız paradan daha çok değer verirseniz işiniz ve kariyeriniz yükselişe geçer.

Sevgi, İstediğinizi Almanız için Sınırsız Yol Sunar

Para, hayatınızda sevdiğiniz şeyleri yaşamanız için sadece bir araç. Parayla yapabileceğiniz şeyleri düşündüğünüzde yalnızca parayı düşündüğünüzden daha çok sevgi ve neşe hissedersiniz. Sevdiğinizle olduğunuzu hayal edin, sevdiğiniz şeyi yaptığınızı ve sevdiğiniz şeylere sahip olduğunuzu. O zaman sadece parayı düşündüğünüzden çok daha fazla sevgi hissedeceksiniz.

Sevginin çekici gücünün istediğinizi almanız için sınırsız yolu var ve para bunlardan sadece biri. Bir şeyi elde etmek için tek yolun para olduğunu düşünmeyin. Bu sınırlı bir düşünce tarzıdır ve hayatınızı sınırlarsınız!

Kız kardeşim olup olabilecek en maceralı olaylar dizisi sonucu yeni bir arabayı kendine çekti. Bir gün işe giderken aniden sel bastı ve arabası suda kaldı. Su seviyesi tehlike arz edecek kadar yüksek olmasa da bir acil durum çalışanının ısrarıyla kuru bir yere taşındı. Yaşadıkları kız kardeşimi epey eğlendirdi. Hatta kurtarılma operasyonu gece haberlerine bile çıktı. Kız kardeşimin arabası tamiri imkansız şekilde zarar görmüştü. İki hafta içinde yüklü bir çek aldı ve o parayla hayalindeki arabaya kavuştu.

Bu hikayenin en harika yanı kız kardeşimin o sırada evini yenilemesi ve yeni bir araba almak için parası olmamasıydı. Yeni bir arabanın hayalini bile kurmuyordu. Yine de yepyeni ve güzel arabayı kendine çekti çünkü diğer kız kardeşimizin yeni bir araba aldığını duyduğunda sevinçten ağlamıştı. Kız kardeşim o kadar mutluydu ve diğer kız kardeşimiz araba aldığı için o kadar sevgi vermişti ki çekim yasası her bir maddeyi, durumu ve olayı harekete geçirerek ona yeni bir araba verdi. İşte sevginin gücü!

Ne almayı istediğini onu alana kadar bilemezsin ama sevginin gücü bilir. Kendi yolunuzda ilerleyin ve inanın. İsteğinizi hayal edin, içinizde sevgiyi hissedin ve sevginin çekim gücü size onu almanız için mükemmel yolu bulsun. Bizim insan zihinlerimiz limitli ama sevginin gücünün zekası limitsiz. Onun yolları bizim anlayışımızın ötesinde. Paranın istediğiniz şeye kavuşmak için tek yol olduğunu düşünerek hayatınızı kısıtlamayın. Parayı tek hedefiniz haline getirmeyin. Hedefiniz ne olmak, ne yapmak ya da neye sahip olmak istediğiniz olsun. Yeni bir ev istiyorsanız onun içinde yaşamanın sevincini hayal edip hissedin. Güzel kıyafetler, teknolojik bir alet ya da bir araba istiyorsanız, üniversiteye gitmek, başka bir ülkeye taşınmak, müzik, oyunculuk ya da spor eğitimi almak istiyorsanız... Hayal edin.

Sevgi Kuralları

Parayla ilgili bir tek kural var: Parayı asla sevginin önüne koymayın. Eğer bunu yaparsanız sevginin çekim yasasına ters düşersiniz ve sonuçlarına katlanmak zorunda kalırsınız. Hayatınızdaki temel güç sevgi olmalı. Sevginin üzerine hiçbir şey çıkmamalı. Para sadece bir araç ve onu sevgi vasıtasıyla kendinize çekiyorsunuz ama parayı sevginin üzerine koyarsanız karşılığında bir sürü olumsuz şey alırsınız. Para için sevgi verip sonra insanlara kaba davranamazsınız çünkü bunu yaparsanız olumsuzluğun kapısını açarsınız ve ilişkileriniz, sağlığınız, mutluluğunuz ve maddi durumunuz olumsuz yönde etkilenir.

"Sevgi ihtiyacı içindeyseniz sevgi almanın tek yolunun sevgi vermek olduğunu anlayın. Ne kadar verirseniz o kadar alırsınız ve sevgi vermenin tek yolu bir mıknatıs haline gelene dek kendinizi onunla doldurmaktır."

Charles Haanel (1866-1949)

YENİ DÜŞÜNCE YAZARI

Dolu dolu bir hayat yaşamanıza yetecek kadar paraya kavuşmak için doğdunuz. Para sıkıntısı çekmemelisiniz çünkü her sıkıntı dünyaya olumsuzluk ekler. Hayatın güzelliği, önceliğinizi sevgi yaptığınızda dolu dolu bir hayat yaşamanıza yetecek paranın size gelmesidir.

ÖZET GÜÇ

- *Dünyadaki tüm parayı hareket ettiren, sevginin çekici gücüdür ve kim sevgi vererek iyi hissederse parayı mıknatıs gibi çeker.*

- *Para konusunda kendinizi nasıl hissettiğinizi anlayabilirsiniz çünkü yeterince paranız yoksa o zaman para konusunda iyi hissetmezsiniz.*

- *Sevgi para getiren çekim gücüdür ve sevgi aynı zamanda paranın yapışmasını sağlayan güçtür!*

- *Faturalarınızı öderken en önemli şey kendinizi iyi hissettirecek bir yol bulmanızdır. Faturalarınızı aldığınız çekler olarak hayal edin. Ya da minneti kullanın, servislerinden nasıl yararlandığınızı düşünün ve faturayı yollayan kuruma teşekkür edin.*

- *Elinize para geçtiğinde, ne kadar az olursa olsun, minnettar olun! Unutmayın, minnet en büyük çoğaltıcıdır.*

- *Bir şey için ödeme yaptığınızda daha az paranız kalacağı için üzülmektense sevgi hissedin. İkisi arasındaki fark bir sürü paranız olması ile hayatınız boyunca para için mücadele etmeniz arasındaki farktır.*

- *Parayı, para konusunda iyi hissetmenizi hatırlatacak bir işaret olarak kullanın. Her faturanın ön yüzünü çok parayı temsil eden olumlu yüz olarak düşünün. Her para verişinizde bilerek ön yüzünü çevirin.*

- *Kimin başarısı olursa olsun eğer başarı konusunda gerçekten iyi hissederseniz başarıyı kendinize yapıştırırsınız!*

- *Kar ya da maaş olarak aldığınız paranın hakkını verin. Aldığınız paranın hakkını ne kadar çok verirseniz işiniz ve kariyeriniz o kadar yükselişe geçer.*

- *Para hayatınızda sevdiğiniz şeyleri yaşamanız için sadece bir araç. Sevginin çekici gücünün istediğinizi almanız için sınırsız yolu var ve para bunlardan yalnızca biri.*

- *Kendinizi sevdiğinizle, sevdiğiniz şeyi yaparken ya da sevdiğiniz şeyleri elde ederken hayal edin. O zaman sadece parayı düşündüğünüzden çok daha fazla sevgi hissedeceksiniz.*

- *Hayatın güzelliği, önceliğinizi sevgi yaptığınızda, dolu dolu bir hayat yaşamanıza yetecek kadar paranın size gelmesidir.*

İLİŞKİLER İÇİN GÜÇ

"O kişiyle ilişkiniz ne kadar önemsiz olursa olsun, her insana aynı ilgiyi, iyiliği, anlayışı ve sevgiyi gösterin ve bunu herhangi bir ödül düşüncesiyle yapmayın. Hayatınız bir daha asla aynı olmayacak."

Og Mandino (1923-1996)

YAZAR

Sevgi vermek hayatınızdaki her şeye uygulanabilir bir kuraldır. Ve sevgi vermek ilişkilerin ana kuralıdır. Sevginin gücü birini tanıyıp tanımamanıza, o kişinin dostunuz ya da düşmanınız olmasına, sevdiğiniz biri ya da tamamen yabancı olmasına aldırmaz. Sevginin gücü bir iş arkadaşınızla, patronunuzla, anne babanızla, çocuğunuzla, öğrencinizle ya da bir dükkanda size hizmet eden insanla mı iletişim halinde olduğunuza bakmaz. Temas kurduğunuz her insana ya sevgi veriyorsunuzdur ya vermiyorsunuzdur. Ve verdiğinizi alırsınız.

İlişkiler sevgi vermek için en önemli kanallarınız. İlişkileriniz aracılığıyla sevgi verirseniz tüm hayatınızı değiştirebilirsiniz. Aynı zamanda ilişkiler sizi yıkıma da götürebilir çünkü onlar genelde sevgi vermemek için en büyük mazeretinizdir!

Diğerlerine Ne Verirseniz Aynısını Kendinize Verirsiniz

Tarihteki en aydın kimseler bize diğer insanları sevmemizi söyledi. Size sadece iyi bir insan olasınız diye başkalarını sevmeniz söylenmedi. Size hayatın sırrı verildi! Size çekim yasası verildi! Başkalarını sevdiğinizde harika bir hayatınız olur. Başkalarını sevdiğinizde hak ettiğiniz hayatı alırsınız.

"Bütün Kutsal Yasa tek bir sözde özetlenmiştir: Komşunu kendin gibi seveceksin."

Aziz Paul (5-67 CİVARI)
HIRİSTİYAN HAVARİ, GALATYALILAR 5:14'TEN

İyilik, cesaret, destek, minnet ya da herhangi iyi bir duygu aracılığıyla başkalarına sevgi verin ve size çoğalarak geri dönsün. Böylece sağlık, para, mutluluk ve kariyer dahil hayatınızın her alanına sevgi getirsin.

Eleştiri, öfke, sabırsızlık ya da başka herhangi kötü bir his aracılığıyla olumsuzluk verirseniz o olumsuzluk size mutlaka geri döner, çoğalır ve hayatınızın geri kalanını etkileyen daha çok olumsuzluğu çeker.

Bunun Diğer İnsanla İlgisi Yok

İlişkinizde ne verdiğinizi hemen şimdi, şu an söyleyebilirsiniz. Eğer devam eden ilişkiniz harikaysa olumsuzluktan daha çok sevgi ve minnet veriyorsunuz demektir. Eğer devam eden ilişkiniz zor ve sıkıntılıysa, bilmeden, sevgiden çok olumsuzluk veriyorsunuz demektir.

Bazı insanlar bir ilişkinin diğer insan yüzünden iyi ya da kötü olduğunu düşünür ama hayat böyle değildir. Sevginin gücüne, "Ancak karşımdaki beni sevdiğinde seveceğim!" diyemezsiniz. Önce siz vermeden hayatta hiçbir şey alamazsınız! Ne verirseniz onu alırsınız. Yani bunun diğer insanla ilgisi yoktur. Hepsi sizinle ilgilidir! Sizin ne verdiğinizle ve hissettiğinizle.

O insanda sevdiğiniz, takdir ettiğiniz ve minnet duyduğunuz şeyleri arayarak her ilişkinizi hemen şimdi değiştirebilirsiniz. Olumsuz şeyleri fark etmektense sevdiğiniz şeyleri bulmak için bilinçli bir çaba harcarsanız bir mucize gerçekleşecek. Bu size karşınızdaki insana harika bir şey olmuş gibi görünecek. Ama asıl harika olan sevginin gücüdür çünkü ilişkilerdeki de dahil tüm olumsuzlukları yok eder. Sevginin gücünü kullanmanın tek yolu o insanda sevdiğiniz şeyler aramaktır. Bunu yaparsanız ilişkinizdeki her şey değişir!

Sevginin gücü sayesinde düzelen binlerce ilişki gördüm ama sevginin gücünü yıkılmak üzere olan evliliğini tamir etmek için kullanan bir kadının hikayesi diğerlerinden ayrılıyor. Bu kadın, kocasına beslediği tüm aşkı yitirmişti. Aslına bakılırsa onun yanında olmaya bile dayanamıyordu. Kocası her gün şikayet ediyordu. Sürekli hastaydı. Depresif ve öfkeliydi. Onu ve dört çocuğunu sözle taciz ediyordu.

Kadın, sevgi vermenin gücünü öğrendiğinde evliliğindeki problemlere rağmen mutlu hissetmeye karar verdi. Evlerinin havası anında değişip yumuşadı ve kadının çocuklarıyla ilişkileri iyileşti. Sonra fotoğraf albümlerini karıştırdı ve kocasıyla ilk evlendikleri yıllardaki fotoğraflarına baktı. Bazılarını albümden çıkarıp her gün bakmak için çalışma masasının üzerine koydu ve bunu yaptığında ona bir şey oldu. Kocasına ilk günkü gibi aşık oldu ve o aşkın karşılık bulduğunu hissetti. Bu şekilde içindeki aşk giderek çoğalmaya başladı. Hatta öyle bir noktaya ulaştı ki kocasını hayatı boyunca hiç sevmediği kadar sevmeye başladı. Aşkı o kadar büyüktü ki kocasının gerginliği ve öfkesi kayboldu, sağlığında düzelmeler ortaya çıktı. Bu kadın, kocasından mümkün olduğunca uzak durmak isterken kocasıyla mümkün olduğunca çok birlikte olmak istediği bir evliliğe kavuştu.

Sevgi Özgürlük Demektir

İşte size ilişkilerde sevgi vermekle ilgili yanıltıcı bir şey. Bu küçük şey pek çoğumuzun hak ettiğimiz hayata kavuşmasını engeller. Yanıltıcıdır çünkü insanlar başkalarına sevgi vermenin ne demek olduğunu yanlış anlar. Başkalarına sevgi vermekle ilgili net olabilmek için başkalarına sevgi vermemenin ne demek olduğunu anlamalısınız.

Başka bir insanı değiştirmeye çalışmak sevgi vermek değildir! Başka bir insan için neyin iyi olacağını düşünmek sevgi vermek değildir! Haklı olduğunuzu ve karşınızdakinin haksız olduğunu düşünmek sevgi vermek değildir! Eleştirmek, suçlamak, şikayet etmek, dırdır etmek ya da hata bulmak sevgi vermek değildir!

> ***"Nefretin üstesinden nefretle gelinmez. Nefretin üstesinden sevgiyle gelinir. Bu ebedi bir kuraldır."***
>
> *Gautama Buddha* (M.Ö. 563-483)
>
> BUDİZMİN KURUCUSU

Sizinle ilişkilerimize göstermemiz gereken özeni ispatlayan bir hikaye paylaşmak istiyorum. Bir adamın karısı onu terk etmiş ve çocuklarını da yanında götürmüş. Adam yıkılmış, karısını suçlamış ve onun kararını kabullenmeyi reddetmiş. Onu aramayı ve fikrini değiştirmek için her yolu denemeyi sürdürmüş. Bu adam belki karısı ve ailesine duyduğu sevgiyle hareket ettiğini düşünmüş olabilir ama davranışları hiç de sevgi dolu değilmiş. Evliliklerinin bitmesinden karısını sorumlu tutmuş. Onun haksız, kendisinin haklı olduğuna inanıyormuş. Karısının kendi hayatı için bir seçim yapabileceği fikrini kabullenememiş. Karısını rahatsız etmeyi sürdürdüğü için de sonunda tutuklanmış ve hapse atılmış.

Adam nihayet karısının istediğini seçme özgürlüğüne saygı duymayarak sevgi vermediğini ve sonunda kendi özgürlüğünü yitirdiğini anlamış. Çekim yasası sevgi yasasıdır ve onu yok edemezsiniz. Ona karşı gelirseniz kendinize zarar verirsiniz.

Bu hikayeyi paylaştım çünkü yoğun ilişkilerin sona ermesi bazı insanlar için fazlasıyla zorlayıcıdır. Başka birinin istediğini seçme hakkını reddedemezsiniz. Bu sevgi vermek değildir. Evet, kalbiniz kırılmışken bazı şeyleri kabullenmek kolay olmaz ama herkesin özgürlüğüne ve seçme hakkına saygı duymalısınız. Başka bir insana verdiğinizi kendiniz alırsınız ve başka bir insanın seçme hakkını reddederseniz kendi özgürlüğünüzü reddeden olumsuzlukları üzerinize çekersiniz. Belki para akışınız azalır, sağlığınız bozulur ya da işiniz darboğaza girer ve bunların hepsi özgürlüğünüzü kısıtlar. Çekim yasası için diğer insan yoktur. Diğerlerine verdiğinizi kendinize verirsiniz.

Diğer insanlara sevgi vermek insanların sizi ezmesine ya da herhangi bir şekilde kullanmasına izin vermek anlamına gelmez. Bu da sevgi vermek değildir. Başka bir insanın sizi kullanmasına izin vermek o insana yardımcı olmaz ve size de yardımcı olmayacağı kesin. Sevgi zorludur, onun kanunuyla öğrenir, büyür ve o öğrenimin bir parçası olarak sonuçları tecrübe ederiz. Dolayısıyla başka bir insanın sizi taciz etmesine ya da kullanmasına izin vermek, sevmek değildir. Kendinizi mümkün olduğunca güzel duyguların en yüksek frekansına sokun ve sevginin gücü sizin için çözüm olsun.

> *"Ne zaman biri beni kırsa, ruhumu kırgınlığın ulaşamayacağı kadar yükseltmeye çalışırım."*
>
> René Descartes (1596-1650)
>
> MATEMATİKÇİ VE FİLOZOF

İlişkilerin Sırrı

Hayat, her şeyi siz sevdiklerinizi seçesiniz diye sunuyor. Ve hayatın verdikleri arasında pek çok değişik insan da var ki siz o insanlarda neleri sevdiğinizi seçebilin ve sevmediklerinizden uzaklaşın. Bir insandaki sevmediğiniz özellikler için sevgi üretmenize gerek yok, onlara hiçbir duygu vermeden sırtınızı dönün.

Bir insandaki sevmediğiniz şeye sırtınızı dönmeniz bu konuda rahat olduğunuz ve hayatın size bir seçme şansı sunduğunu bildiğiniz anlamına gelir. Bu, haksızlıklarını kanıtlamak için onlarla tartışabileceğiniz, onları eleştirebileceğiniz, suçlayabileceğiniz ya da doğru olduğunu düşündüğünüz şekilde değiştirebileceğiniz anlamına gelmez. Çünkü bunlardan birini yaparsanız -dikkat!- sevgi vermezsiniz.

"İyilikseverin yararı kendinedir, gaddarsa kendi başına bela getirir."

Kral Süleyman (M.Ö. 10. YÜZYIL CİVARI)

İNCİL'DE ADI GEÇEN İSRAİL KRALI, 11:17'DEKİ ÖZLÜ SÖZDEN

Zaten sevgiyi hissetme frekansındaysanız sadece aynı duygu frekansındaki insanlar hayatınıza girebilir.

Bilirsiniz, bazı günler kendinizi gerçekten mutlu hissedersiniz, bazı günler gerginsinizdir ve bazılarında mutsuzsunuzdur. Kendinizin pek çok farklı halinde olabilirsiniz. Sizinle ilişki içinde olan insan da mutlu, gergin, mutsuz da dahil, farklı hallerde olabilir. Hiç şüphesiz onu pek çok değişik halde gördünüz ama o hala aynı insan. Mutlu olduğunuzda sadece diğer insanların mutlu hali hayatınıza girebilir. Ama diğer insanların mutlu hallerini almak istiyorsanız önce siz mutlu olmalısınız!

Bu diğer insanların mutluluğundan sizin sorumlu olduğunuz anlamına gelmez çünkü herkes kendi hayatından ve mutluluğundan sorumludur. Demek ki size bir tek kendinizle ilgili mutlu hissetmek düşüyor. Gerisini çekim yasası halleder.

"Mutluluk bize bağlıdır."

Aristo (M.Ö. 384-322)

YUNAN FİLOZOF VE BİLİMADAMI

ÖDE'ler

İlişkilerdeki zorluklarla sıkıntıların acısını hafifletmenin bir yolu insanları Özel Duygusal Eğitmenleriniz olarak hayal etmektir! Sevginin gücü size gün içinde hayatınıza girip çıkan insanlar kılığında pek çok Özel Duygusal Eğitmen sunar ve hepsi sizi sevgiyi seçmeniz için eğitir.

Bazı Özel Duygusal Eğitmenler yumuşaktır, sizi çok zorlamazlar ve onları sevmek kolaydır. Bazı Özel Duygusal Eğitmenler serttir ve sınırlarınızı zorlarlar. Tıpkı bazı özel spor hocalarının yaptığı gibi. Ama ne olursa olsun hepsi de sevgiyi seçmeniz için sizi daha güçlü yapar.

Özel Duygusal Eğitmenler size meydan okumak için her durumu ve taktiği kullanırlar ama unutmayın, her zorluk size sevgiyi seçesiniz ve olumsuzluklara sırt çeviresiniz diye sunuluyor. Bazı eğitmenler sizi kendilerini ya da başkalarını yargılamaya zorlayabilir. Sakın bu tuzağa düşmeyin. Yargılamak olumsuzdur ve sevgi vermek değildir. Bu yüzden birindeki iyiliği ya da herhangi bir şeyi sevemezseniz uzaklaşın yeter.

Bazı eğitmenler sizi hınç, öfke ve nefret hissetmeye kışkırtabilir. Dikkatinizi hayatınızdaki sevdiğiniz şeylere yönelterek olumsuzluklara sırt çevirin. Bazı eğitmenler sizi vicdan azabı, değersizlik hissi ya da korkuyla vurabilir. Bunlara kapılmayın çünkü hiçbir olumsuz his sevgi değildir.

> *"Nefret hayatı felce uğratır, sevgi özgürleştirir. Nefret hayatı karıştırır, sevgi ahenk yaratır. Nefret hayatı karartır, sevgi aydınlatır."*
>
> Martin Luther King Jr. (1929-1968)
>
> BAPTİST PAPAZ VE İNSAN HAKLARI SAVUNUCUSU

Eğer hayatınızdaki insanları Özel Duygusal Eğitmenler olarak hayal ederseniz, bunun bütün zorlu ilişkilerinize yardımı olur. Sizi güçlendiren ve ne olursa olsun sevgiyi seçmeniz konusunda kararlı kılanlar sert eğitmenlerdir ama aynı zamanda size bir mesaj da verirler. Size kendinizi olumsuz duygu frekansına soktuğunuzu söylerler. Bundan kurtulmak için iyi hissetmek zorundasınız! Aynı olumsuz duygu frekansında olmadıkça kimse hayatınıza girip sizi olumsuz etkileyemez. Eğer sevginin duygu frekansındaysanız birinin ne kadar sert ya da olumsuz olduğunu fark etmezsiniz bile. O kişi gelip sizi etkileyemez!

Herkes sadece görevini yapıyor, tıpkı sizin başkalarına Özel Duygusal Eğitmen olarak görevinizi yaptığınız gibi. Düşman yok, sadece bazı harika ÖDE'ler ve sizi harika yapan bazı sert ÖDE'ler var.

Çekim Yasası Yapışkandır

Çekim yasası yapışkandır. Başkasının iyi şansına sevindiğinizde onların iyi şansı size yapışır! Başka bir insandaki bir şeyi beğendiğinizde ya da takdir ettiğinizde o özellikleri kendinize yapıştırırsınız. Ama biri hakkında olumsuz düşünür ya da konuşursanız o olumsuzlukları da kendinize yapıştırırsınız ve hepsini hayatınıza alırsınız.

Çekim yasası sizin hislerinize tepki verir. Ne verirseniz onu alırsınız. Eğer bir insana, duruma ya da olaya bir etiket yapıştırırsanız kendinize bir etiket yapıştırıyorsunuz demektir ve alacağınız odur.

İşte bu süper bir haber çünkü diğer insanlarda sevdiğiniz şeyleri arayarak ve onlara tüm kalbinizle evet diyerek sevdiğiniz ve istediğiniz her şeyi kendinize yapıştırabileceğiniz anlamına geliyor! Dünya sizin kataloğunuz ve sevginizin gücünü anladığınızda diğer insanlarda sevebileceğiniz şeyleri fark etmek tam zamanlı bir iş. Ayrıca tüm hayatınızı değiştirmenin en kolay ve iyi yolu. Tek yapmanız gereken, sevdiğiniz insanlarda sevdiğiniz şeyleri bulmak ve sevmediklerinizden uzaklaşıp onlara hiçbir his vermemek. Nasıl, basit değil mi?

"İlk adımı iyi bir düşünceyle attım, ikincisini iyi bir kelimeyle attım, üçüncüsünü iyi bir davranışla attım ve cennete girdim."

Arda Viraf Kitabı (6. YÜZYIL CİVARI)

ZERDÜŞT METİN

Dedikodu da Yapışkandır

Dedikodu yüzeysel bakıldığında zararsız görünebilir ama insanların hayatlarında olumsuzluklara sebep olur. Dedikodu sevgi vermek değildir. Dedikodu olumsuzluk vermektir ve karşılığında alacağınız yine olumsuzluk olur. Dedikodu, hakkında konuşulana değil, dedikodu yapanlara zarar verir!

Bir aile üyesi ya da arkadaşınızla konuşurken size birinin dediği ya da yaptığı bir şey hakkında olumsuz sözler ettiklerinde olumsuzluk yayarlar. Onları dinlerken siz de olumsuzluk verirsiniz çünkü siz hisseden bir varlıksınız ve duygularınız düşüşe geçmeden olumsuzlukları dinleyemezsiniz. Öğle yemeğinde bir iş arkadaşınızla sohbet ederken biri hakkında olumsuz konuştuğunuzda dedikodu yapıyorsunuz ve olumsuzluk veriyorsunuz demektir. Olumsuzluk hakkında konuşurken ya da olumsuzluğu dinlerken iyi duygularınız olamaz!

Onun için gelin açık konuşalım. Aklımızı kullanıp başkalarının işine burnumuzu sokmamalıyız çünkü sonunda o işler gelip bizim burnumuza yapışır! Hayatınızda böyle bir durumla karşılaşmak istemiyorsanız hiçbir şey hissetmeden uzaklaşın. Sadece kendinize iyilik yapmakla kalmazsınız, aynı zamanda dedikodunun olumsuz etkisinin hayatlarına zarar vereceğini fark etmeyen insanlara da iyilik etmiş olursunuz.

Kendinizi dedikodu yaparken ya da dedikodu dinlerken bulursanız cümlenin yarısında durun ve "Neyse ki..." deyip cümleyi dedikodusu yapılan insanla ilgili iyi bir özellikle bitirin.

"Bir insan kötü bir düşünceyle konuşur ya da hareket ederse, onu ıstırap takip eder. Eğer bir adam saf bir düşünceyle konuşur ya da hareket ederse, onu bir gölge gibi mutluluk takip eder ve asla bırakmaz."

Gautama Buddha (M.Ö. 563-483)

BUDİZMİN KURUCUSU

Tepkiniz Seçer

Hayat size her insanı ve durumu, sevdiklerinizi ve sevmediklerinizi seçesiniz diye sunuyor. Bir şeye tepki verdiğinizde hislerinizle tepki verirsiniz ve bunu yaptığınızda onu seçersiniz! Tepkiniz, iyi ya da kötü, onu size yapıştırır ve gerçekte ondan daha çok istediğinizi söylersiniz! Dolayısıyla ilişkilerde nasıl tepki verdiğinizi bilmek önemlidir çünkü ister iyi ister kötü hislerle tepki verin, onlar sizin verdiğiniz duygulardır ve size o şekilde hissettirecek durumun aynısından daha çok alırsınız.

Eğer bir insan bir şey dediğinde ya da yaptığında kendinizi üzgün, gücenmiş ya da öfkeli hissederseniz olumsuz tepkiyi hemen değiştirmek için elinizden geleni yapın. Olumsuz tepki verdiğinizin farkında olmak bile olumsuz duyguların gücünü alır, hatta onları durdurur. Ama kendinizi olumsuz duyguların pençesindeymiş gibi hissederseniz en iyisi uzaklaşmak ve birkaç dakikanızı sevdiğiniz bir şeyler arayarak değerlendirmektir. Sevdiklerinizi buldukça kendinizi daha iyi hissedeceksiniz. Kendinizi iyi hissetmek için sevdiğiniz herhangi bir şeyi kullanabilirsiniz. Sevdiğiniz bir müzik dinleyebilir, sevdiğiniz şeyleri hayal edebilir ya da sevdiğiniz bir şey yapabilirsiniz. Sizi üzen insanda sevdiğiniz şeyleri de düşünebilirsiniz. Bu zorlayıcı olabilir ama eğer yapabilirseniz, kendinizi iyi hissetmenin en hızlı yoludur. Ayrıca hislerinizin efendisi olmanızın da en hızlı yoludur!

> *"Kendisinin efendisi olan bir adam kederi sonlandırabilir çünkü keyif yaratabilir. Ben duygularımın merhametine kalmak istemiyorum. Onları kullanmak, onlardan zevk almak ve onlara hükmetmek istiyorum."*

Oscar Wilde (1854-1900)

YAZAR VE ŞAİR

Hayatınızdaki tüm olumsuz durumları değiştirebilirsiniz ama bunu kötü duygularla yapamazsınız. Duruma farklı tepki vermelisiniz. Olumsuz tepki vermeye devam ederseniz kötü duygularınız olumsuzluğu büyütür ve çoğaltır. İyi duygular verdiğinizde olumluluk büyür ve çoğalır. Olumlu bir hale gelebileceğini hayal bile edemediğiniz belirli durumlar bile sonunda olumlu hale gelir! Sevginin gücü her zaman bir yol bulur.

Sevgi Bir Kalkandır

Diğer insanların olumsuzluğunun gücünü yok etmek ve ondan etkilenmemek için her insanı çevreleyen manyetik duygu alanlarını hatırlayın. Sevgi, coşku, mutluluk, minnet, heyecan, tutku ve her iyi duygu için alanlar var. Ayrıca öfke, cesaretsizlik, hüsran, nefret, intikam hırsı, korku ve her olumsuz duygu için de alanlar var.

Öfke manyetik alanıyla çevrili bir insan kendini iyi hissetmez ve onunla olduğunuzda genelde öfkesini size yöneltir. Aslında amaç size zarar vermek değildir ama öfke alanlarından dünyaya bakarken iyi hiçbir şeyi göremezler. Tek gördükleri onları öfkelendirenlerdir. Ve sadece öfke gördükleri için öfkelerini karşılaştıkları ilk insana -ki bu genelde sevdikleri biridir- kusmaya meyillidirler.

Kendinizi harika hissediyorsanız manyetik alanınızın gücü hiçbir olumsuzluğun sızamayacağı bir kalkan yaratır. Böylece o insanın olumsuzluğunu size yöneltmesinin anlamı kalmaz, size dokunamaz ve sizi hiç etkilemeden kalkanınızdan seker.

Öte yandan, eğer bir insan size olumsuz bir duygu yöneltirse ve onun söylediklerini hissederseniz bilin ki duygularınız iniştedir çünkü olumsuzluk sizin duygu alanınıza sızmıştır. Bu olduğunda yapılacak tek şey bir bahane bulup kibarca uzaklaşmaktır. Böylece kendinizi iyi duygularla tamir edebilirsiniz. İki olumsuz alan birbiriyle temas ettiğinde inanılmaz bir hızla çoğalırlar ve bundan asla iyi bir şey çıkmaz. Kendi hayat tecrübelerinizden de biliyorsunuzdur: Karşılıklı iki negatif alan hiç de hoş bir görüntü değildir!

"Çamurlu su. Bırakın durulsun, o zaman berraklaşır."

Lao Tzu (M.Ö. 6. YÜZYIL CİVARI)

TAOİZMİN KURUCUSU

Eğer üzgün, hayal kırıklığına uğramış, moralsiz ya da bu türden olumsuz bir duygu hissediyorsanız dünyaya o duygu alanından bakıyorsunuz demektir ve dünya size üzücü, hayal kırıklığına uğratıcı ve moral bozucu görünür. Olumsuz duyguların alanındaysanız hiçbir iyiliği göremezsiniz. Olumsuz alanınız daha çok olumsuzluğu çekmekle kalmaz, hislerinizi değiştirmeden hiçbir

sorundan çıkış yolu da bulamazsınız. Duygularınızı değiştirmek dış dünyanın şartlarını değiştirmek için uğraşıp didinmekten daha kolaydır. Dünyadaki tüm fiziksel hareketler bile bu halinizi değiştiremez. Duygularınızı değiştirin ve dış etkenler değişsin!

> *"Güç içimizden gelir ama güç vermedikçe güç alamayız."*
>
> Charles Haanel (1866-1949)
>
> YENİ DÜŞÜNCE YAZARI

Biri coşkunun manyetik alanıyla kuşatılmışsa coşkularının odanın diğer ucundan size dokunduğunu hissedebilirsiniz. Popüler ve manyetik kişilikleri olan insanlar çoğu zaman iyi hisseden insanlardır. Onları kuşatan coşku alanı o kadar manyetiktir ki herkesi ve her şeyi kendilerine çekerler.

Daha çok sevgi verip iyi hissettikçe alanınız manyetikleşip genişler ve sevdiğiniz her şeyi ve herkesi size çeker! Bunun ne kadar harika olduğunu hayal etsenize!

Sevgi Her Şeyi Bağlayan Güçtür

"Dünyadaki herkes birbirini sevdiğinde güçlüler güçsüzleri ezmeyecek, çoğunluk azınlığa baskı yapmayacak, zengin yoksulla alay etmeyecek, itibarlılar düşmüşleri küçümsemeyecek ve kurnazlar safları kandırmayacak."

Mozi (M.Ö. 470 CİVARI-391 CİVARI)

ÇİNLİ FİLOZOF

İyi duygularınız aracılığıyla diğer insanlara sevgi vermek için her gün elinize fırsat geçer. Mutlu hissettiğinizde, temas kurduğunuz herkese olumlu duygular ve sevgi vereceğiniz garantidir. Birine sevgi verdiğinizde sevgi size geri döner. Üstelik farkında bile olmayabileceğiniz kadar yüce bir yolla.

Başka bir insana sevgi verdiğinizde, eğer sevginiz o insanı olumlu etkilerse ve o da başka bir insana sevgi verirse, o zaman kaç insan olumlu etkilenirse etkilensin, sevginiz ne kadar uzağa yayılırsa yayılsın, *tüm* sevgi *size* geri döner. Sadece temasta bulunduğunuz kişiye verdiğiniz sevgiyi geri almazsınız, etkilenen herkesin sevgisini geri alırsınız! Ve sevgi size hayatınızdaki olumlu durumlar, olumlu insanlar ve olumlu olaylar kılığında geri döner.

Öte yandan eğer başka bir insanı olumsuz bir şekilde etkilerseniz ve o da başka birini olumsuz etkilerse tüm olumsuzluk size geri döner. Onu maddi durumunuzu, kariyerinizi, sağlığınızı ya da ilişkinizi etkileyen olumsuz durumlar formunda geri alırsınız. Ne verirseniz kendinize verirsiniz.

> *"Dış dünyadaki bir şey sizi üzerse ıstırabınız o şeyin kendisi yüzünden değil, sizin o şeyi değerlendiriş şekliniz yüzündendir. Ve bunu her an yok edecek güç içinizde."*

Marcus Aurelius (121-180)
ROMA İMPARATORU

Coşkulu, mutlu ve neşeli hissediyorsanız bu iyi duygular sizinle temas kuran herkesi etkiler. Bir insanla dükkanda, otobüste ya da asansörde kısacık bir temasta bile bulunsanız, iyi duygularınız temas kurduğunuz herhangi birinde değişiklik yaparsa o anın hayatınızdaki etkisi neredeyse akıl almazdır.

"Unutmayın, küçük iyilik diye bir şey yoktur. Her hareket, sonucunu hiç beklemediğiniz bir kıpırtı yaratır."

Scott Adams (D. 1957)

ÇİZER

Sevgi her ilişkinin çözümü ve cevabıdır. Bir ilişkiyi asla negatif hislerle geliştiremezsiniz. İlişkileriniz için Yaratım Sürecini kullanın ve almak için sevgi verin. İlişkileriniz için Güç Anahtarlarını kullanın. Sevdiklerinizi fark edin, sevdiklerinizin listesini yapın, sevdiklerinizden bahsedin ve sevmediklerinize sırt çevirin. Mükemmel ilişkiye sahip olduğunuzu hayal edin, onu olabilecek en yüksek seviyede hayal edin ve onu tüm kalbinizle hissedin. Eğer bir ilişki hakkında iyi hissetmeyi güç buluyorsanız, o zaman etrafınızdaki diğer şeyleri sevin ve sadece ilişkideki olumsuzlukları görmekten vazgeçin!

Sevgi sizin için her şeyi yapabilir! Tek yapmanız gereken iyi hissederek sevgi vermek. Ve böylece ilişkilerinizdeki olumsuzluk yok olacak. Bir ilişkide olumsuz bir durumla karşı karşıya kalışınızda, çözüm daima sevgidir! Nasıl hallolacağını asla bilmeyeceksiniz, bilemezsiniz ama iyi hissetmeye devam eder ve sevgi verirseniz mutlaka hallolacaktır.

Lao Tzu, Buddha, İsa, Muhammed ve tarihteki her yüce insan bu konuda nettir: Sevin!

ÖZET GÜÇ

- *Temas kurduğunuz her insana ya sevgi veriyorsunuzdur ya vermiyorsunuzdur. Ve verdiğinizi alırsınız.*

- *İyilik, cesaret, destek, minnet ya da herhangi bir iyi duygu aracılığıyla başkalarına sevgi verin ve o sevgi size çoğalarak geri dönsün, hayatınızın her alanına sevgi getirsin.*

- *İlişkinizdeki olumsuz şeyleri fark etmektense sevdiğiniz şeyleri bulmak için bilinçli bir çaba harcarsanız bir mucize gerçekleşecek ve bu size karşınızdaki insana harika bir şey olmuş gibi görünecek.*

- *Başka bir insanı değiştirmeye çalışmak sevgi vermek değildir! Başka bir insan için neyin iyi olacağını düşünmek sevgi vermek değildir! Haklı olduğunuzu ve diğer insanın haksız olduğunu düşünmek sevgi vermek değildir!*

- *Eleştirmek, suçlamak, şikayet etmek, dırdır etmek ya da hata bulmak sevgi vermek değildir!*

- *Diğer insanların mutlu halleriyle karşılaşmak istiyorsanız önce siz mutlu olmalısınız!*

- *Sevginin gücü size gün içinde hayatınıza girip çıkan insanlar kılığında pek çok Özel Duygusal Eğitmen sunar ve hepsi sizi sevgiyi seçmeniz için eğitir!*

- *Olumsuzluk duyarak ve olumsuz konuşarak iyi bir duyguya sahip olamazsınız!*

- *Hayat size her insanı ve durumu sevdiklerinizi ve sevmediklerinizi seçebilesiniz diye sunuyor. Bir şeye duygularınızla tepki verdiğinizde onu seçiyorsunuz demektir.*

- *Bir insandaki sevmediğiniz şeye sırtınızı dönmeniz bu konuda rahat olduğunuz ve hayatın size bir seçme şansı sunduğunu bildiğiniz anlamına gelir.*

- *Olumsuz bir durumu kötü hislerle değiştiremezsiniz. Eğer olumsuz tepki vermeye devam ederseniz kötü duygularınız olumsuzluğu büyütür ve çoğaltır.*

- *Kendinizi harika hissediyorsanız manyetik alanınızın gücü hiçbir olumsuzluğun sızamayacağı güçlü bir kalkan yaratır.*

- *Duygularınızı değiştirmek dış dünyanın şartlarını değiştirmek için uğraşıp didinmekten daha kolaydır. Duygularınızı değiştirin ve dış etkenler değişsin!*

- *Daha çok sevgi verip iyi hissettikçe alanınız o kadar manyetikleşip genişler ki, sevdiğiniz her şeyi ve herkesi size çeker!*

GÜÇ VE SAĞLIK

"İçimizdeki doğal güçler hastalıkların gerçek iyileştiricileridir."

Hipokrat (M.Ö. 460-370 CİVARI)

BATI TIBBININ BABASI

Sağlıklı olmak ne demek? Sağlıklı olmanın hasta olmamanız anlamına geldiğini düşünebilirsiniz ama sağlıklı olmak bundan çok daha fazlasıdır. Eğer kendinizi fena değil ya da eh işte hissediyorsanız ya da pek bir şey hissetmiyorsanız sağlıklı değilsiniz demektir.

Sağlıklı olmak küçük çocukların hissettiği gibi hissetmektir. Küçük çocuklar her gün enerji patlaması yaşar. Vücutları hafif ve esnektir, çaba harcamadan hareket ederler. Ayaklarının üzerinde tüy gibidirler. Zihinleri berraktır, mutlulardır ve endişelerle stresten uzaklardır. Geceleri derin ve huzurlu uyurlar ve kalktıklarında kendilerini yeni bir vücutları varmış gibi tamamen tazelenmiş hissederler. Her yeni gün için hevesli ve heyecanlıdırlar. Küçük çocuklara bakın ve gerçekten sağlıklı olmanın ne anlama geldiğini görün. Eskiden öyle hissediyordunuz ve *hala* öyle hissetmelisiniz!

Çoğu zaman bu şekilde hissedebilirsiniz çünkü sevginin gücü sayesinde sınırsız bir sağlığa kavuşabilirsiniz! Sizden herhangi bir şeyin esirgendiği tek bir an bile yok. Ne istiyorsanız sizindir ve buna sınırsız sağlık da dahil. Ama onu almak için önce kapıyı açmalısınız!

Neye İnanıyorsunuz?

"Bir insan kalbinde ne düşünüyorsa odur."

Kral Süleyman (M.Ö. 10. YÜZYIL)

İNCİL'DE ADI GEÇEN İSRAİL KRALI, ESKİ AHİT 23:7'DEN

Bu şimdiye kadar söylenmiş en bilgece sözlerden biridir. Peki, gerçekten neyi anlatmak ister?

Kalbinizde düşündüğünüz, doğru olduğuna inandığınızdır. İnançlar güçlü hislerle tekrarlanan düşüncelerdir. Kolay nezle olurum, midem çok hassas, bir türlü kilo veremiyorum, ona alerjim var, kahve bende uykusuzluk yapıyor... Bunların hepsi birer inançtır, gerçek değil. İnanç karar verdiğiniz, kapısını kilitlediğiniz, anahtarını fırlatıp attığınız ve tartışma payı bırakmadığınız şeydir. Ama neye inanırsanız inanın ve neyin kendiniz için doğru olacağını hissederseniz hissedin, inançlarınız size ya yardım eder ya zarar verir. Hangi inançları verirseniz verin, çekim yasası onları geri almanız gerektiğini söyler.

Pek çok insanın sağlık konusunda iyi hislerindense hastalık konusunda korkuları vardır. Dünyada hastalıklara gösterilen ilgi ve her gün bununla çevrili olduğunuz düşünülürse bu pek de şaşırtıcı bir durum değil. Tıp alanındaki tüm gelişmelere rağmen hastalıklar artıyor çünkü insanlar giderek hastalıklardan daha çok korkuyor.

Sağlıkla ilgili iyi hisleriniz hastalık korkusundan daha mı baskın? Hastalıkların kaçınılmazlığına mı inanıyorsunuz? Vücudunuzun yaşla bozulacağına ve hastalıkların kaçılmaz olduğuna inanırsanız o inancı verirsiniz ve çekim yasası size onu sağlığınızla ilgili çeşitli sıkıntılar kılığında geri verir.

"Korktuğum ve çekindiğim başıma gelir."

Eyüp Kitabı 3:25

Tıpta hastaya ilaçmış gibi verilen fonksiyonsuz maddelerin etkisi, inancın gücünün kanıtıdır. Bir grup hastaya gerçek ilaçlar verilir ve tedavi uygulanır, başka bir gruba plasebo, yani ilaç görünümünde şeker verilir ve sahte bir tedavi uygulanır. Sonuçta sahte tedavi görenlerin belirtilerinde de önemli azalmalar ya da kaybolmalar gözlemlenir. Sahte tedavinin hayret verici etkisi inançların vücudumuz üzerindeki gücünü gösterir.

İnançlarınız ya da güçlü duygularınızla vücudunuza ne verirseniz vücudunuzdan *onu alırsınız*.

Duygularınız vücudunuzdaki hücrelerin ve organların içine işler. İyi duygularınız olduğunda sevgi verirsiniz ve vücudunuzdan şaşılacak oranda sağlık alırsınız. Kötü duygularınız olduğunda gerginlik yüzünden sinirlerinizle hücreleriniz kasılır, vücudunuzdaki hayati kimyasal üretim değişir, kan damarlarınız büzülür, nefes alıp verişiniz zorlaşır ve bunların hepsi organlarınızın ve vücudunuzun sağlığını azaltır. Hastalıklar vücudun uzun süre stres, endişe ve korku gibi olumsuz hislere maruz kalmasının sonucudur.

> *"Duygularınız vücudunuzdaki her bir hücreyi etkiler. Akıl ve beden, ruh ve fizik iç içedir."*

Thomas Tutko (D. 1931)

SPOR PSİKOLOĞU VE YAZAR

Vücudunuzun İçindeki Dünya

İçinizde kocaman bir dünya var! Vücudunuz üzerindeki gücünüzü anlamak için bu dünyayı tanımalısınız. Çünkü tamamı sizin yönetiminizde!

Vücudunuzdaki her hücrenin oynayacak bir rolü var ve birlikte çalışmalarının tek amacı size hayat vermek. Bazı hücreler belirli bölgelerle organların liderleridir ve bölgelerindeki hücreleri onlar düzenler. Tıpkı kalbiniz, beyniniz, böbrekleriniz, karaciğeriniz ve akciğerlerinizdekiler gibi. Bir organın lider hücresi o organda çalışan diğer tüm hücreleri yönetir, düzeni sağlar ve böylece organ da mükemmel bir şekilde işler. Devriye hücreler vücudunuzdaki yaklaşık seksen bin kilometrelik kan damarlarını dolaşarak düzeni sağlar. Bir rahatsızlık olduğunda, örneğin cildiniz çizildiğinde, devriye hücreler hemen tehlike işareti verir ve uygun tamir ekibi o bölgeye koşar. Bir çizik için, sahneye önce kanı pıhtılaştıran ekip çıkar ve kan akışını durdurmaya çalışır. Onların işi bittiğinde bu defa doku ve cilt ekipleri bölgede tamir işlemine başlar, dokuyu onarır, yarayı kapatır.

Eğer vücudunuza bakteriyel bir iltihap ya da bir virüs gibi davetsiz bir misafir girerse hafıza hücreleri hemen işgalcinin parmak izini alır - ya da şipşak fotoğrafını çeker. Bu parmak izi kayıtlardaki önceki işgalcilerin izleriyle karşılaştırılır. Bir eşleşme bulurlarsa hafıza hücreleri hemen ilgili saldırı ekibini çağırır. Eğer eşleşme bulamazlarsa hafıza hücreleri işgalci için yeni kayıt açar ve işgalciyi yok etmesi için tüm saldırı ekiplerini çağırır. Hangi ekip işgalciyi yok etmekte başarılı olursa hafıza hücreleri onu dosyalarına kaydeder. Eğer işgalci daha sonra geri dönerse hafıza hücreleri kiminle uğraştıklarını ve onunla nasıl başa çıkacaklarını bilir.

Eğer herhangi bir sebeple vücudunuzdaki bir hücre davranış biçimini değiştirir ve vücudunuzun iyiliği için çalışmayı bırakırsa devriye hücreler o hücreyi tamir etmesi için kurtarma ekibini çağırır. Eğer hücrenin tamir olmak için belirli bir kimyasala ihtiyacı varsa içinizdeki doğal eczaneden temin edilir. Vücudunuzda tam donanımlı bir eczane var ve bir ecza firmasının üretebileceği tüm iyileştirici kimyasalları üretebilirsiniz.

Tüm hücreler hayatları boyunca günde yirmi dört saat, haftada yedi gün ekip halinde çalışmalıdır. Tek amaçları vücudunuzdaki hayatı ve sağlığı korumaktır. Vücudunuzda yaklaşık yüz trilyon hücre var. Size hayat vermek için durmadan çalışan 100.000.000.000.000 hücre! Tüm bu hücreler sizin kumandanızda ve onları düşünceleriniz, duygularınız ve inançlarınızla kumanda ediyorsunuz.

Vücudunuzla ilgili neye inanıyorsanız hücreleriniz de ona inanıyor. Düşündüklerinizi, hissettiklerinizi ya da inandıklarınızı sorgulamıyorlar. Her düşüncenizi, duygunuzu ve inancınızı duyuyorlar.

"Ne zaman seyahat etsem jetlag oluyorum," diye düşünür ve böyle söylerseniz, hücreleriniz jetlag'i bir komut olarak alır ve komutlarınıza uyar. Kilo sorununuz olduğunu düşünür ve hissederseniz hücreleriniz kilo sorunu komutu alır.

Komutunuza uyup vücudunuzun kilolu kalmasını sağlarlar. Bir hastalık kapacağınızdan korkarsanız hücrelerinize hastalık mesajı gider ve hemen hastalık belirtileri yaratmaya girişirler. Hücrelerinizin sizin her komutunuza karşılık verişi çekim yasasının vücudunuzun içinde işleyişidir.

> *"Her organın mükemmel işlediğini düşünün ve hastalıkların gölgesi size asla ulaşmasın."*
>
> Robert Collier (1885-1950)
>
> Yeni Düşünce yazarı

Ne istiyorsunuz? Neyi seviyorsunuz? Çünkü vücudunuza vermeniz gereken mesaj bu. Hücreleriniz size sorgusuz sualsiz hizmet eden en sadık hizmetkarlarınızdır. Ne düşünür ve ne hissederseniz o sizin vücudunuzun yasası haline gelir. Eğer çocukluğunuzdaki kadar iyi hissetmek istiyorsanız hücrelerinize şu komutları verin: Bugün kendimi harika hissediyorum, çok enerjiğim, gözlerim çok keskin, istediğimi yiyip ideal kilomda kalabiliyorum, her gece bebek gibi uyurum... Siz krallığınızın hükümdarısınız. Ne düşünürseniz ve hissederseniz krallığınızın yasası haline gelir. Vücudunuzun yasası bu olur.

Kalbinizin Gücü

"İnsan bir anlamda küçük bir evrendir, dolayısıyla insan evrene dair bir ipucudur."

David Bohm (1917-1992)

KUANTUM FİZİKÇİSİ

Vücudunuzun içi güneş sisteminin ve evrenin tıpatıp haritasıdır. Kalbiniz güneştir ve vücut sisteminizin merkezidir. Organlarınız gezegenlerdir ve gezegenler dengelerini ve ahenklerini korumak için nasıl güneşe bağımlıysa organlarınız da aynı şekilde kalbinize bağımlıdır.

California'daki HeartMath Enstitüsü'ndeki bilimadamları kalbinizde sevgi, minnet ve takdir hissetmenin bağışıklık sisteminizi desteklediğini, hayati kimyasal üretimi ve fiziksel canlılığı artırdığını, stres hormonu değerlerini ve yüksek kan basıncını düşürdüğünü, endişeyi, vicdan azabını ve duygusal tükenmişliği azalttığını ve şeker hastalarındaki glikoz ayarının düzenlenmesine yardımcı olduğunu ispatladı. Sevgi duyguları ayrıca kalp ritminizdeki uyumu artırır. HeartMath kalbin manyetik alanının beynin manyetik alanından beş bin kat güçlü olduğunu ve vücudunuzdan yaklaşık altmış-yetmiş santim uzağa ulaşabildiğini gösterdi.

Bazı bilimadamları sevginin sağlığımız üzerindeki etkisi konusundaki anlayışımızı artırmak için suyla deneyler

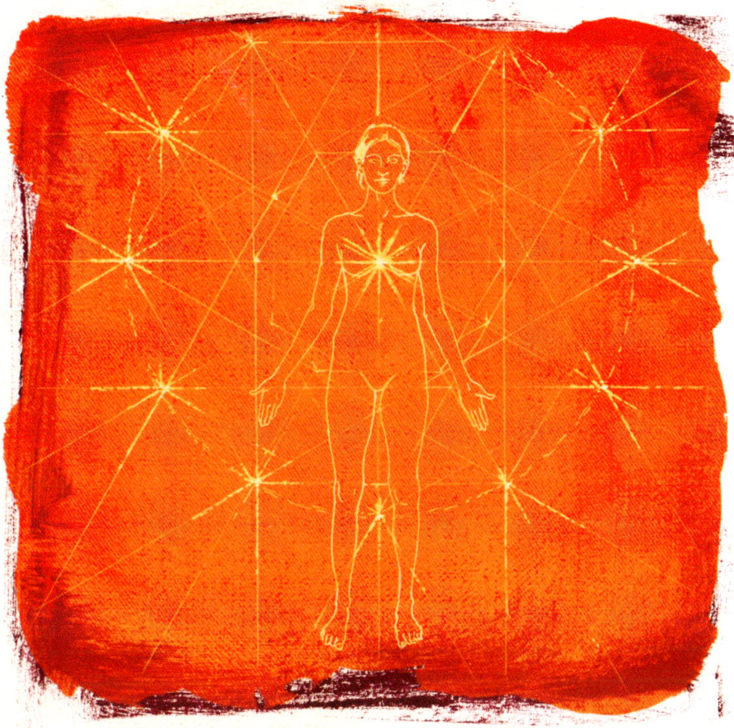

yapıyorlar. Suyun sağlığınızla ne ilgisi mi var? Vücudunuzun yüzde yetmişi sudan oluşuyor! Kafanızın içi yüzde seksen su!

Japonya, Rusya, Avrupa ve Amerika'daki araştırmacılar suyun olumlu sözlere, sevgi ve minnet gibi duygulara maruz kaldığında sadece enerji seviyesinin yükselmediğini, ayrıca yapısının mükemmel bir ahenge kavuştuğunu keşfetti. Olumlu his ne kadar yüksekse su o kadar güzelleşiyor ve ahenkli bir hale geliyor. Nefret gibi olumsuz duygulara maruz kaldığındaysa enerji düzeyi azalıyor ve yapısında kaotik değişiklikler meydana geliyor.

Eğer insan duyguları suyun yapısını değiştirebiliyorsa duygularınızın vücut sağlığınıza neler yaptığını hayal edebiliyor musunuz? Hücreleriniz çoğunlukla sudan oluşur! Her hücrenin merkezi sudur ve her hücre bir su tabakasıyla çevrilidir.

Sevgi ve minnetin vücudunuz üzerindeki etkisini hayal edebiliyor musunuz? Sağlığın düzelmesinde sevgi ve minnetin gücünü hayal edebiliyor musunuz? Sevgi hissettiğinizde sevginiz vücudunuzdaki yüz trilyon hücreyi etkiler!

Mükemmel Sağlık İçin Sevginin Gücünü Nasıl Kullanırız?

> *"Büyük sevgilerin olduğu yerde daima mucizeler vardır."*
>
> Willa Cather (1873-1947)
>
> PULITZER ÖDÜLLÜ ROMANCI

İstediğiniz sağlığa kavuşmak için sevgi vermelisiniz! Hasta olduğunuzda sağlıkla ilgili iyi düşünceler yayın çünkü sadece sevgi size mükemmel sağlığı getirir. Hastalıkla ilgili kötü hisler verip sağlığınıza kavuşamazsınız.

Bir hastalıktan nefret eder ya da korkarsanız kötü hisler verirsiniz ve hastalık asla geçmez. İstediklerinizle ilgili düşünceler ve duygular verirseniz hücreleriniz sağlığınız konusunda tam güce kavuşur. İstemediklerinizle ilgili olumsuz duygu ve düşünceler verirseniz hücrelerinize giden sağlık gücü düşer! Sağlığınızla alakası olmayan bir konuda bile kötü hissetseniz, yine de vücudunuzdaki sağlık gücünü düşürürsünüz. Ama herhangi bir şey için sevgi hissettiğinizde -güneşli bir gün, yeni bir ev, bir arkadaş ya da terfi gibi- vücudunuz tam güçle sağlığa kavuşur.

Minnet büyük çoğaltıcıdır, sağlığınız için her gün teşekkür edin. Dünyadaki tüm para bile sağlığı satın alamaz. Sağlığımız bize hayatın sunduğu bir armağandır. Bu yüzden de her şeyden çok sağlığınız için minnettar olmalısınız! Bu alabileceğiniz en iyi sağlık sigortasıdır çünkü minnettarlık sağlığın garantisidir!

Vücudunuzda kusur bulmaktansa onun için minnettar olun. Ne zaman vücudunuzla ilgili hoşlanmadığınız bir şey düşünseniz içinizdeki su, duygularınızı algılıyor. Onun yerine, vücudunuzla ilgili hoşlandığınız bir şey için tüm kalbinizle "Teşekkür ederim," deyin ve hoşlanmadıklarınızı görmezden gelin.

"Sevgi sevgiyi sürükler."

Avilalı Azize Teresa (1515-1582)

RAHİBE VE YAZAR

Yemek yemeden ya da su içmeden önce ne yiyip içeceğinize bakın ve sevgiyle minnet duyun. Bir sofraya otururken sohbetinizin olumlu olmasına özen gösterin.

Yemek için dua etmek, yemek için sevgi ve minnet vermektir. Bir yiyecek için dua ettiğinizde içindeki suyun yapısını ve vücudunuzdaki etkisini değiştirirsiniz. Su için sevgi ve minnetle dua etmek de aynısını yapar. Olumlu sevgi hisleriniz her şeyin içindeki suyun yapısını değiştirebilir. Bunun için gücü kullanın.

Herhangi bir tıbbi tedavi görürken sevgi ve minnet verip onların gücünü kullanabilirsiniz. Eğer iyi olacağınızı hayal ederseniz iyi olduğunuzu hissedersiniz ve bunu hissederseniz de alırsınız. Sağlığınızın iyiye gittiğini görmek için tek yapmanız gereken zamanınızın yüzde ellisinden fazlasında sevgi vermek. Yüzde elli bir sağlıksızlıktan sağlığa geçişinizin dönüm noktasıdır.

Göz muayenesi yaptırırken, kan basıncınızı ölçtürürken, genel bir sağlık kontrolünden geçerken, testlerinizin sonuçlarını ya da sağlığınızla ilgili herhangi bir sonuç alırken kendinizi iyi hissetmeniz çok önemli. Ancak bu şekilde iyi sonuçlar elde edersiniz. Çekim yasasına göre sağlık kontrolünüzün ya da testlerinizin sonucu, bulunduğunuz frekansla eşleşmeli. Demek ki, istediğiniz iyi sonucu almak için o frekansta olmalısınız! Hayat başka türlü işlemez. Hayatınızdaki her durumun sonucu daima frekansınızla eşleşir çünkü çekim yasası budur! Bir testle ilgili kendinizi iyi duyguların frekansına getirmek istiyorsanız istediğiniz sonucu sanki onu elde etmişçesine hayal edin ve hissedin. Her olası sonuçla karşılaşabilirsiniz ama iyi sonuçlar elde etmek için iyi duyguların frekansında olmanız gerekir.

"Olasılık ve mucize aynı anlama gelir."

Prentice Mulford (1834-1891)
YENİ DÜŞÜNCE YAZARI

Vücudunuzu sağlıklı hayal edin ve buna sahip olduğunuzu hissedin. Gözlerinizin bozukluğunu gidermek istiyorsanız harika bir görüntü için sevgi verin ve ona sahip olduğunuzu hayal edin. Keskin kulaklar için sevgi verin ve öyle kulaklara sahip olduğunuzu hissedin. İdeal kilo, ideal vücut ya da bir organın sağlığı için sevgi verin. Ona sahip olduğunuzu hayal edin ve şu anda sahip olduklarınız için minnet duyun! Vücudunuz istediğiniz şekilde değişecek ama bu sadece sevgi ve minnetle mümkün olabilir.

Genç ve formda bir kadına, nadir rastlanan bir kalp rahatsızlığı olduğu söylendiğinde dünyası başına yıkıldı. Birden kendini güçsüz ve naif hissetti. Geleceği -normal ve sağlıklı bir hayat- bu teşhisle birlikte kaybolmuştu. İki küçük kızını annesiz bırakmaktan korkuyordu. Ama neticede kalbini iyileştirmek için elinden geleni yapmaya karar verdi.

Kalbiyle ilgili olumsuz duygular beslemeyi reddetti. Her gün sağ elini kalbinin üzerine koydu ve kalbinin güçlü ve sağlıklı olduğunu hayal etti. Her sabah uyandığında güçlü ve sağlıklı kalbi için en derin teşekkürlerini sundu. Kardiyologların ona iyileştiği müjdesini verdiklerini hayal etti. Dört ay boyunca bunları her gün yaptı ve kardiyologlar dört ay sonra kalbini kontrol ettiğinde şaşkınlıktan küçük dillerini yuttular. Eski testlerle yeni testleri tekrar tekrar karşılaştırdılar çünkü yeni testlere göre kadının kalbi gayet güçlü ve sağlıklıydı.

Bu kadın sevginin çekim gücüne göre yaşadı. Sağlıksız kalp teşhisini kabullenmek yerine sağlıklı bir kalp için sevgi verdi ve sağlıklı bir kalbe kavuştu. Eğer bir hastalıktan mustaripseniz, düşünceleriniz ve kelimelerinizle onu sahiplenmemek için elinizden geleni yapın. Hastalıktan nefret etmeyin çünkü bu ona olumsuzluk vermek olur. Onun yerine sağlığa, kendi sağlığınıza sevgi verin ve onu sizin yapın.

"Aklınızı mümkün olduğunca tedavinize takmamaya çalışın. Dayanıklılık ve gücü düşünürseniz bunları kendinize çekersiniz. Sağlığı düşünün ve elde edin."

Prentice Mulford (1834-1891)
Yeni Düşünce yazarı

Sağlığınız için sevgi hissettiğiniz her an, sevginin gücü vücudunuzdaki olumsuzlukları bertaraf eder! Sağlığınız konusunda iyi hissetmeyi zor buluyor olabilirsiniz. Zaten önemli olan, herhangi bir şey için sevgi duymanız.

Dolayısıyla çevrenizi sevdiklerinizle kuşatın ve iyi hissetmek için onları kullanın. Sevgi duyabilmeniz için dış dünyadaki her şeyi kullanın. Sizi geren ve üzen filmler yerine sizi güldüren ve iyi hissettiren filmler izleyin. İnsanların sizi güldürecek espriler yapmasını sağlayın ya da onları en utanç verici anlarıyla ilgili komik hikayeler anlatmaya teşvik edin. Sevdiğiniz şeyleri siz biliyorsunuz. En hoşunuza giden şeyleri siz biliyorsunuz. Sizi mutlu edenleri siz biliyorsunuz. Öyleyse hepsini kendinize çekin ve mümkün olduğunca iyi hissedin. Yaratım Sürecini kullanın. Güç Anahtarlarını kullanın. Unutmayın, dönüm noktasına ulaşıp her şeyi değiştirmek için zamanınızın minimum yüzde elli birinde sevgi vermeli ve iyi hissetmelisiniz!

Eğer hasta birine yardım etmek istiyorsanız Yaratım Sürecini kullanın ve onun tamamen sağlığına kavuştuğunu hayal edip hissedin. O kişinin çekim yasasına verdiğini geçersiz kılamasanız bile, gücünüz sağlığına kavuşacağı bir frekansa geçmesine yardımcı olabilir.

Güzellik Sevgiden Gelir

"İçinizdeki sevgi büyüdüğünde güzellik de büyür. Zira sevgi ruhun güzelliğidir."

Hippolu Aziz Augustine (354-430)

İLAHİYATÇI VE PİSKOPOS

Tüm güzellikler sevginin gücünden gelir. Sevgi sayesinde sınırsız güzelliğe kavuşabilirsiniz ama sorun şu ki çoğu insan kendi vücudunu sevmektense onda kusurlar bulur ve onu eleştirir. Kusurlarınıza bakarak ve vücudunuzla ilgili mutsuz hissederek kendinize güzelliği getiremezsiniz! Bu sadece daha çok kusur ve daha çok mutsuzluk getirir.

Güzellik dev bir sektör. Oysa her an size sınırsız bir güzellik yağıyor. Ama onu almak için sevgi vermelisiniz! Ne kadar mutlu olursanız o kadar güzel olursunuz. Kırışıklıklar azalır, cilt sıkılaşır ve parlamaya başlar, saçlar gürleşip güçlenir, gözler ışıldar ve renkleri yoğunlaşır. Ama güzelliğin sevgiden geldiğinin en büyük ispatı nereye giderseniz gidin insanları kendinize çekmenizdir.

Gerçekten Hissettiğiniz Yaştasınız

Eski yazılarda insanların bir zamanlar yüzlerce yıl yaşadığı söylenir. Bazıları sekiz yüz sene yaşamıştır, bazılarıysa beş ya da altı yüz sene ama o dönemlerde uzun ömür olağan ve sıradan bir şeydir. O halde ne oldu? İnsanlar inandıklarını değiştirdi. Yüzlerce yıllık yaşama inanmak yerine nesiller boyunca inançlarını değiştirdiler ve daha kısa bir hayat beklentisi geliştirdiler.

Kısa hayat beklentisini atalarımızdan miras aldık. Doğduğumuz andan itibaren ne kadar yaşayabileceğimizle ilgili inançlar zihnimize ve kalplerimize yerleştiriliyor. Vücutlarımızı belirli bir süre yaşamaya programlıyoruz ve vücutlarımız biz onları nasıl programladıysak o şekilde yaşlanıyor.

> *"Henüz biyolojide ölümün kaçınılmazlığına dair bir kanıt bulunamadı. Bu bana ölümün kaçınılmaz olmadığını ve biyologların bize sorun çıkaran şeyi bulmasının an meselesi olduğunu söylüyor."*
>
> Richard Feynman (1918-1988)
>
> NOBEL ÖDÜLLÜ KUANTUM FİZİKÇİSİ

Elinizden geliyorsa kendinize ne kadar yaşayabileceğinizle ilgili bir sınır koymayın. Her şey tek bir insanın hayat beklentisinin limitlerini kırmasına bakar ve o insan tüm insanlık için hayat beklentisiyle ilgili gidişatı tamamen değiştirebilir. Derken o insanı bir başkası ve diğerleri izler çünkü bir insan şimdiki hayat beklentisinin çok ötesinde yaşarsa diğer insanlar bunu kendilerinin de yapabileceğine inanır, hisseder ve yapar!

Eğer yaşlanmayla yıpranmanın kaçınılmaz olduğuna inanır ve öyle hissederseniz bunlar gerçekleşir. Hücreleriniz, organlarınız ve vücudunuz inançlarınızı ve duygularınızı algılar. Genç hissedin. Yaşınızı hissetmekten vazgeçin. Yaşınızı hissetmeniz sadece size aşılanan bir inanç ve vücudunuza verdiğiniz program. İnançlarınızı değiştirerek istediğiniz anda bu komutu değiştirebilirsiniz!

İnançlarınızı nasıl mı değiştireceksiniz? Sevgi vererek! Sınırlar koyma, yaşlanma ya da hastalık gibi olumsuz inançlar sevgiden gelmez. Sevgi verdiğinizde, iyi hissettiğinizde, sevgi olumsuzluğu eritir ve buna size zarar veren olumsuz inançlar da dahildir.

> *"Hepimiz için her yerden fışkıran sevgi gerçek hayat iksiridir. Uzun bir hayatın iksiri. Yaşlanma hissini üreten bunun eksikliğidir."*
>
> Josiah Gilbert Holland (1819-1881)
>
> YAZAR

Sevgi Gerçektir

Küçük bir çocukken esnek ve akışkandınız çünkü henüz hayatla ilgili olumsuz inançlar geliştirmemiş ya da benimsememiştiniz. Yaşlandıkça daha çok sınırlanma ve olumsuzluk hissi yüklendiniz. Sonucunda da daha inatçı ve daha az esnek oldunuz. Bu harika bir hayat değil, sınırlı bir hayat.

Sevdikçe, sevginin gücü vücudunuzdaki ve aklınızdaki olumsuzluğu daha çok eritecek. Mutlu, minnettar ve neşeli olduğunuzda sevginin gücünün içinizdeki olumsuzluğu erittiğini hissedeceksiniz. Evet, hissedebilirsiniz! Kendinizi hafif hissedeceksiniz, yenilmez hissedeceksiniz ve dünyanın zirvesinde hissedeceksiniz.

Daha çok ve daha çok sevgi verdiğinizde vücudunuzda değişiklikler olduğunu fark edeceksiniz. Yiyeceklerin tadı daha güzel gelecek, renkler canlanacak, sesler netleşecek, vücudunuzdaki lekeler ve küçük izler kaybolmaya başlayacak. Vücudunuzun daha esnek olduğunu hissedeceksiniz. Gerginliğiniz azalacak, kaslarınız gevşeyecek. Sevgi verdiğinizde ve vücudunuzdaki mucizeleri gördüğünüzde sevginin bir sağlık kaynağı olduğuyla ilgili hiçbir şüpheniz kalmayacak.

Her Mucizenin Perde Arkasında Sevgi Var

Bütün mucizeler sevginin gücünün işbaşında olduğunun kanıtıdır. Mucizeler olumsuzluktan uzaklaşıp sevgiye yoğunlaşarak yaratılır. Tüm hayatınız boyunca kötümser olsanız da asla çok geç değildir.

Bir adam kendini tam olarak böyle tanımlıyordu. Bir kötümser olarak. Karısının üçüncü çocuklarına hamile olduğu haberini aldığında tüm düşünceleri üçüncü çocuğun hayatlarını ne kadar olumsuz etkileyeceği üzerineydi. Ama fark etmediği, o olumsuz duygu ve düşüncelerin onu nasıl daha da olumsuzluğa sürüklediğiydi.

Karısı hamileliğinin ortalarında acilen hastaneye kaldırıldı ve sezaryenle doğum yapmak zorunda kaldı.

Üç farklı uzman yirmi üç haftalık gebelik sonucu doğan bebeğin hayatta kalma ihtimalinin sıfır olduğunu söyledi. Adam perişandı. Bebeği kaybetmeyi hiç beklemiyordu.

Sezaryenden sonra oğlunu görmesi için odanın diğer tarafına alındı. Hayatında gördüğü en küçük bebekti! Sadece 25 santim ve 340 gramdı. Tıp personeli bir solunum cihazıyla bebeğin akciğerlerini şişirmeye çalışıyordu ama kalp atışları giderek yavaşlıyordu. Uzman doktor yapabilecekleri hiçbir şey olmadığını söyledi. Baba içinden "Lütfen!" diye haykırdı ve o anda solunum cihazı oğlunun akciğerlerini şişirdi ve kalp atışları hızlanmaya başladı.

Günler geçti. Hastanedeki tüm doktorlar bebeğin başaramayacağını söylüyordu. Ama hayatı boyunca kötümser olan adam bu defa arzuladığını hayal etmeye başladı. Her gece yatarken sevginin gücünün oğlu üzerinde ışıldadığını hayal etti. Sabahları uyandığında oğlu bir geceyi daha atlattığı için Tanrı'ya teşekkür etti.

Oğlunun durumu giderek iyiye gidiyor, önündeki her engeli aşıyordu. Yoğun bakımda geçen dört zorlu aydan sonra o ve karısı sıfır yaşama şansı verilen bebeklerini eve götürebildi.

Her mucizenin arkasında sevgi vardır.

ÖZET GÜÇ

- *İnançlarınız ya da güçlü duygularınızla vücudunuza ne verirseniz vücudunuzdan onu alırsınız. Duygularınız vücudunuzdaki hücrelerin ve organların içine işler.*

- *Siz bir krallığın hükümdarısınız ve hücreleriniz size sorgusuz sualsiz hizmet eden en sadık hizmetkarlarınız. Bu yüzden, düşünüp hissettikleriniz anında krallığınızın yasası haline gelir. Vücudunuzun yasası.*

- *İstemediklerinizle ilgili olumsuz duygu ve düşünceler verirseniz hücrelerinize giden sağlık gücü düşer! Ama herhangi bir şey için sevgi hissettiğinizde -güneşli bir gün, yeni bir ev, bir arkadaş ya da terfi gibi- vücudunuz tam güçle sağlığa kavuşur.*

- *Minnet büyük çoğaltıcıdır, sağlığınız için her gün teşekkür edin.*

- *Vücudunuzla ilgili hoşlandığınız bir şey için tüm kalbinizle 'teşekkür ederim' deyin ve hoşlanmadıklarınızı görmezden gelin.*

- *Sağlığınızın iyiye gittiğini görmek için tek yapmanız gereken zamanınızın yüzde ellisinden fazlasında sevgi vermek. Yüzde elli bir, sağlıksızlıktan sağlığa geçişinizin dönüm noktasıdır.*

- *Eğer bir hastalıktan mustaripseniz düşünceleriniz ve kelimelerinizle onu sahiplenmemek için elinizden geleni yapın. Onun yerine sağlığa, kendi sağlığınıza sevgi verin ve onu sizin yapın.*

- *İdeal kilo, ideal vücut ya da bir organın sağlığı için sevgi verin. Ona sahip olduğunuzu hayal edin ve şu anda sahip olduklarınız için minnet duyun! Vücudunuz istediğiniz şekilde değişecek ama bu sadece sevgi ve minnetle mümkün olabilir.*

- *Vücudunuzun yaşla bozulacağına inanırsanız o inancı verirsiniz ve çekim yasası size onu sağlığınızla ilgili çeşitli sıkıntılar kılığında geri verir.*

- *Genç hissedin. Yaşınızı hissetmekten vazgeçin.*

- *Sevgi ve minnettarlık duygularınızla, vücudunuz istediğiniz gibi olacak.*

GÜÇ
VE SİZ

"Mutluluk, iyilik ve hayatta ihtiyacımız olan her şey için gereken güç her birimizde mevcut. Güç orada... Sınırsız güç."

Robert Collier (1885-1950)

YENİ DÜŞÜNCE YAZARI

Her şeyin bir frekansı vardır. Her şeyin! Her kelimenin, her sesin, her rengin, her ağacın, hayvanın, bitkinin, madenin, her maddenin. Her yiyeceğin ve sıvının bir frekansı vardır. Her yerin, şehrin ve ülkenin bir frekansı vardır. Hava, ateş, toprak ve su gibi elementlerin hepsinin frekansları vardır. Sağlık, hastalık, çok para, parasızlık, başarı, başarısızlık, hepsinin frekansları vardır. Her olay ve durumun frekansı vardır. Adımızın bile frekansı vardır. Ama frekansınızın gerçek adı ne hissettiğinizdir! Ve hissettikleriniz hayatınıza sizinle benzer frekanstakileri getirir.

Mutlu hissettiğinizde ve mutlu hissetmeyi sürdürdüğünüzde hayatınıza sadece mutlu insanlar, durumlar ve olaylar girer. Eğer stresliyseniz ve stresli olmayı sürdürürseniz hayatınıza sadece stresli insanlar, durumlar ve olaylar girer. Geç kalıp telaş ettiğinizde bunun olduğunu görmüşsünüzdür. Telaş, olumsuz bir histir ve telaş edip geç kalma korkusu yaşadığınızda güneşin parladığı kadar kesinlikle yolunuza her türlü engeli ve gecikmeyi çıkarırsınız. Bu, çekim yasasının hayatınızda işleyişidir.

Gününüze başlamadan önce iyi hissetmenizin ne kadar önemli olduğunu görüyor musunuz? Eğer iyi hissetmek için zaman harcamazsanız o gün iyi şeyler alamazsınız. Ve olumsuzluklar bir kere gelmeye başladı mı onları değiştirmek için daha çok çaba harcamanız gerekir çünkü onlarla karşılaştıkça onlara gerçekten inanmaya başlarsınız! En baştan hiç karşınıza çıkmamaları için iyi hissetmek daha kolaydır. Duygularınızla hayatınızdaki her şeyi değiştirebilirsiniz ama en baştan iyi şeylerin gelmesini sağlamak daha iyi bir fikir değil mi?

Hayatınızın Filmini İzleyin!

Hayat büyülü! Hayatınızın bir gününde gerçekleşenler, görüp görebileceğiniz en fantastik filmlerden bile daha büyülü. Ama hayatınıza bir film seyredercesine, aynı şekilde yoğunlaşarak bakmalısınız. Film izlemeniz bir telefonla bölünürse ya da uyuyakalırsanız neler olduğunu kaçırırsınız. Aynı şey gününüzün ekranında oynayan hayatınızın filmi için de geçerli. Eğer ortalıkta uyurgezer gibi geziniyorsanız ve uyanık değilseniz hayatınızda sizinle sürekli konuşan, size rehberlik eden ve sizi yönlendiren mesajlarla senkronları kaçırırsınız!

Hayat size yanıt veriyor. Hayat sizinle iletişim kuruyor. Rastlantılar ya da tesadüfler yok. Her şeyin bir frekansı var ve hayatınıza bir şey girdiğinde onunla aynı frekanstasınız demek. Gördüğünüz her şey -her işaret, renk, insan, nesne- duyduğunuz her şey, her durum ve olay sizin frekansınızda.

> *"Bu bağlantıdaki gerçekler o kadar şaşırtıcı ki, sanki Yaratıcı'nın kendisi bu gezegeni elektrik gücüyle tasarlamış gibi."*
>
> Nikola Tesla (1856-1943)
>
> RADYONUN VE DALGALI AKIMIN MUCİDİ

Bilirsiniz, araba kullanırken bir polis arabası gördüğünüzde birden dikkatiniz artar. Polis arabasını görmenizin bir sebebi var ve büyük ihtimalle size "Daha dikkatli ol!" diyor. Polis arabasını görmeniz sizin için daha bile çok anlam ifade edebilir ama cevabı almak için "Bu bana ne söylüyor?" diye sormalısınız. Polis, kanun ve düzeni temsil eder. Dolayısıyla bir polis arabası hayatınızda bir düzensizliğin mesajı olabilir. Bir arkadaşınızı geri aramamış ya da birine bir şey için teşekkür etmeyi unutmuş olabilirsiniz.

Bir ambulans sireni duyduğunuzda size ne söyler, neyi hatırlatır? Sağlığınız için minnettar olmanızı mı?

Hayatınızdaki insanların sağlığı için sevgi verip teşekkür etmeniz gerektiğini mi? Bir itfaiye arabası yırtıcı siren sesleri eşliğinde yanınızdan geçse bu size ne söyler? Hayatınızda söndürmeniz gereken bir yangın olduğunu mu? Yoksa aşkınızı alevlendirmeniz gerektiğini mi? Hayatınıza giren şeylerin anlamlarını sadece siz bilirsiniz ama etrafınızda olanlara dikkat etmeli ve sorular sormalısınız ki cevaplarını alabilesiniz.

Size sürekli mesajlar ve bilgiler veriliyor. Bu mesajları tüm hayatınız boyunca alırsınız! Ne zaman bir şey duysam, yanımdaki iki yabancının konuşması bile olsa, eğer ağızlarından çıkan kelimeleri duyabiliyorsam demek ki o kelimelerin benim hayatımda da anlamı vardır. Onların kelimeleri benim için bir mesajdır, benimle bağlantıdır ve bana kendi hayatım hakkında bilgi verir. Eğer seyahat ediyorsam ve bir işaret görüp üzerindeki kelimeleri okursam o kelimelerin benim için bir anlamı vardır, onlar benim için bir mesajdır ve benimle ilgilidir. Çünkü onlarla aynı frekanstayım. Eğer başka bir frekansta olsaydım o işareti fark etmez ve o sohbete kulak misafiri olmazdım.

Gün içinde beni çevreleyen her şey benimle konuşur, bana daimi olarak bilgi ve mesaj verir. Etrafımdaki insanların eskisi kadar mutlu ya da güleryüzlü olmadığını fark edersem benim duygu frekansımın düştüğünü bilirim ve hemen sevdiğim şeyler düşünürüm. Arka arkaya, tekrar mutlu olana dek.

"Dünyada görmek istediğimiz değişiklik biz olmalıyız."

Mahatma Gandhi (1869-1948)

HİNTLİ SİYASİ LİDER

Sizin Gizli Sembolünüz

Sevginin gücünün fiziksel kanıtını görmek istediğinizi söyleyerek çekim yasasıyla oyun oynayabilirsiniz. Sevdiğiniz bir şey düşünün ve onu sevgi gücünüzün sembolü haline getirin. Ne zaman o sembolü görseniz ya da duysanız sevginin gücünün sizinle olduğunu bileceksiniz. Ben sembolüm olarak aydınlatıcı ve pırıltılı ışığı kullanıyorum, dolayısıyla ne zaman güneş gözüme vursa ya da ışık gözüme bir şey yansıtsa ya da ışığı yansıtıp parıldayan bir şey görsem bunun sevginin gücü olduğunu ve benimle olduğunu biliyorum. Sevgi ve neşe doluyken ışık etrafımdaki her şeyi yansıtıyor. Kız kardeşim, sembolü olarak gökkuşağını kullanıyor, sevgi ve minnetle dolup taşarken nereye baksa ışık gökkuşakları ve her türlü gökkuşağı görüyor. Siz yıldızları, altını, gümüşü ya da sevdiğiniz bir rengi, hayvanı, kuşu, ağacı ve çiçeği sembolünüz olarak kullanabilirsiniz. Gizli sembolünüz olarak kelimeleri ya da sesleri seçebilirsiniz. Dikkat etmeniz gereken tek şey, ne seçerseniz seçin, bunun sevdiğiniz bir şey olması.

İsterseniz size dikkatli olmanızı söyleyen bir uyarı sembolü de seçebilirsiniz. Aslında sürekli mesajlar ve uyarılar alıyorsunuz. Bir şey düşürdüğünüzde, ayağınız takıldığında, kıyafetiniz bir yere süründüğünde ya da bir şeye çarptığınızda, bunların hepsi düşündüğünüzü ve hissettiğinizi durdurmanız için birer uyarı ve mesaj! Hayatta rastlantılar ya da tesadüfler yoktur -her şey eşzamanlıdır- çünkü her şeyin bir frekansı vardır. Bu hayatın fiziği, evrenin işleyişidir.

> *"Güneş sistemine baktığımda Dünya'nın yeterli miktarda ısı ve ışık almak için Güneş'e doğru mesafede konumlandığını görüyorum. Bu tesadüfen olmadı."*
>
> Isaac Newton (1643-1727)
>
> MATEMATİKÇİ VE FİZİKÇİ

Hayat Büyülü

Sevgiyle aramızda bir şeyler var ve bu bir insanın sahip olabileceği en büyülü ve heyecan verici ilişki. Şimdi bu bilgiyle her gün nasıl yaşadığımı sizinle paylaşmak istiyorum.

Her sabah kalktığımda hayatta olduğum için ve hayatımdaki her şey için minnet duyarım. Her sabah on beş dakikamı sevgi hissetmeye ve onu dünyaya göndermeye ayırırım.

Günümü hayal ederim. Günümün iyi gittiğini hayal eder ve sevgi hissederim. Günümde iyi giden her şeyi önceden hayal eder ve her biri için sevgi duyarım. Yaptığım her şeyde o şeyi yapmadan *önce* içimde sevgi hissederek yoluma sevginin gücünü koyarım. İyi hissetmiyorsam e-mailleri ya da paketleri açmam, önemli telefonlar etmem ya da telefonlara cevap vermem ya da başka bir şey yapmam.

Sabahları giyinirken kıyafetlerim için derin bir minnet duyarım. Zaman kazanmak için, "Bugün giyebileceğim en harika kıyafet ne?" diye sorarım. Birkaç yıl önce çekim yasası ve gardırobumla oyun oynamaya karar verdim. Bu etek bu bluzla yakışır mı gibi şeylere kafa yormak ve onları deneyip tekrar yerine koymak (ve böylece daha çok uyumsuz parçayı çekmeleri) yerine stil danışmanlığımı sevginin gücüne bırakmaya karar verdim. Tek yaptığım giydiğim her şeyin yakıştığını hayal etmek ve süper görünüyormuşum gibi hissetmek. Bunu hayal edip hissettikten ve "Bugün ne giymeliyim?" sorusunu sorduktan sonra giyiniyorum ve kıyafetlerimin ne kadar güzel göründüğüne ve iyi hissettirdiğine inanamıyorum.

Bir sokakta yürürken ve yanımdan insanlar geçerken dikkatimi topluyorum. Mümkün olduğunca çok insana duygu ve düşünceler yolluyorum. Her insanın yüzüne bakıyor, sevgiyi içimde hissediyorum ve onların bunu aldığını hayal ediyorum. Sevginin gücünün zenginlik, mutlu ilişkiler, sağlık ve sevilen şeylerin kaynağı olduğunu biliyorum ve insanlara sevgi gönderiyorum çünkü bunu yaparak onlara ihtiyaç duydukları şeyi gönderdiğimi biliyorum.

Belirli bir ihtiyacı olan, istediği bir şeye parası yetmeyen bir insan gördüğümde onlara para bereketiyle ilgili düşünceler yolluyorum. Eğer bir insan üzgünse ona mutluluk yolluyorum. Eğer biri stresli ve telaşlı görünüyorsa ona huzur ve neşeyle ilgili düşünceler yolluyorum. Market alışverişi yaparken, sokakta yürürken ya da araba kullanırken, ne zaman insanlar arasındaysam, elimden geldiğince sevgi yolluyorum. Ayrıca belirli bir ihtiyaç içindeki bir insanı görmemin benim için bir mesaj olduğunu, hayatımdaki para, mutluluk, huzur ve neşe için minnet duymam gerektiğini biliyorum.

Uçaktayken herkese sevgi yolluyorum. Bir restorandayken herkese ve yemeklere sevgi yolluyorum. Çeşitli kuruluşlar ve firmalarla muhatap olduğumda ya da dükkanlarda alışveriş yaparken hepsine sevgi yolluyorum.

Bir yere gitmek için arabama bindiğimde eve mutlu ve iyi döndüğümü hayal edip "Teşekkür ederim," diyorum. Yola çıkmadan önce "Hangi yoldan gitsem iyi olur?" diye soruyorum. Evime her girip çıkışımda evim için "Teşekkür ederim," diyorum. Bir markette alışveriş yaparken "Başka neye ihtiyacım var?", "Her şeyim var mı?" diye soruyor ve daima cevap alıyorum.

"Bilgi hiç şüphesiz bir kilittir ve anahtarı sorudur."

Cafer-i Sadık (702-765)
ON İKİ İMAMDAN ALTINCISI

Her gün bir sürü, bazen yüzlerce soru soruyorum: "Bugün nasıl gidiyorum?", "Bu durumda ne yapmalıyım?", "En iyi karar ne?", "Bu sorunun çözümü ne?", "Benim için en iyi seçenek ne?", "Bu insan ya da firma doğru mu?", "Nasıl daha iyi hissedebilirim?", "Moralimi nasıl yükseltebilirim?", "Bugün neye sevgi vermeliyim?", "Ne için minnet duyabilirim?"

Bir soru sorduğunuzda bir soru verirsiniz ve cevabını *almanız* gerekir! Ama sorularınızın cevaplarını görmeniz ya da duymanız için uyanık olmalısınız. Cevabı bir şey okurken, dinlerken ya da hayal ederken alabilirsiniz. Bazen birdenbire sorunuzun cevabını bilirsiniz. Öyle ya da böyle daima cevap alırsınız!

Eğer bir şey kaybettiysem, mesela anahtarlarımı, "Anahtarlarım nerede?" diye sorarım ve her zaman cevabı alırım. Ama iş bununla bitmez. Anahtarlarımı bulduğumda "Bu bana ne söylüyor?" diye sorarım. Başka bir deyişle, anahtarlarımı neden kaybettim diye merak ederim. Çünkü her şeyin bir sebebi vardır! Rastlantı ve tesadüfler yoktur. Bazen aldığım cevap, "Sakin ol, çok telaşlısın," olur, bazense "Cüzdanın çantanda değil," olur. Ve odada anahtarlarımı bulduğum yere bakınca cüzdanımın da orada olduğunu görürüm. Bazen hemen bir cevap almam ama kapıdan çıkarken telefon çalar ve gittiğim görüşmenin iptal olduğu haberi gelir. O anda anahtarlarımı kaybetmemin olumlu bir sebebi olduğunu anlarım. Hayatın işleyişini seviyorum ama soru sormazsanız ne bir cevap alabilirsiniz ne de bilgi!

Bazen hayat yoluma hileli bir durum çıkarır ama o şeyi kendime çektiğimi bilirim. Daima problemleri nasıl çektiğimi sorarım ki ders alabileyim ve aynısını bir daha yapmayayım.

Aldığım her şeyin karşılığında dünyaya elimden geldiğince sevgi veririm. Her şeyde ve herkeste iyiyi ararım. Her şey için minnet duyarım. Ve sevgi verdikçe sevginin gücünün beni sarmaladığını, beni nefesimi kesecek kadar sevgi ve neşeyle doldurduğunu hissederim. Aldığınız her şey için sevgi vermeyi denediğinizde, sevginin gücü o sevgiyi çoğaltır ve size daha çok sevgi döner! Bunu hayatınızda bir kez hissettiniz mi bir daha asla aynı olmazsınız.

Sevgi Sizin İçin Her Şeyi Yapar

Sevginin gücünü hayatınızın herhangi bir alanında size yardım etmesi için kullanabilirsiniz. Hatırlamanız gereken bir şeyi ona bırakabilir ve sevginin gücünden onu size doğru zamanda hatırlatmasını isteyebilirsiniz. Sevginin gücü çalar saatiniz olup sizi istediğiniz zaman uyandırabilir. Sevginin gücü özel asistanınız, muhasebeciniz, sağlık ya da ilişki danışmanınız olabilir. Paranızı, kilonuzu, yediğinizi içtiğinizi, ilişkilerinizi denetleyebilir ya da ona verdiğiniz her görevi yerine getirebilir. Ama bunları ancak sevgi, takdir ve minnetle birlik olduğunuzda yapar! Bunları ancak sevgi aracılığıyla güçlerinizi birleştirdiğinizde ve hayatınızı serbest bırakıp her şeyi kendiniz kontrol etmeye çalışmaktan vazgeçtiğinizde yapar.

> *"İnancınız sizi kuvvetlendirdiğinde artık kontrol duygusuna ihtiyacınız kalmadığını, işlerin gerektiği gibi aktığını ve sizin de onlarla mutluluğa ve iyiliğe doğru aktığınızı göreceksiniz."*
>
> Wingate Paine (1915-1987)
>
> YAZAR VE FOTOĞRAFÇI

Hayattaki en büyük güçle güç birliği yapın. Ve sevginin gücünün sizin için ne yapmasını istiyorsanız ona sahip olduğunuzu hayal edin, onu saf sevgi ve minnetle hissedin ve alın.

Hayal gücünüzü kullanın ve sevginin gücünün sizin için yapabileceklerini düşünün. Sevginin gücü hayat ve evren bilgisidir. Eğer bir çiçeği ya da insan vücudundaki bir hücreyi yaratabilen bilgiyi hayal edebilirseniz, cevabını almayacağınız tek bir soru bile olmadığını da hayal ve takdir edebilirsiniz. Sevgi sizin için her şeyi yapar ama hayatınızdaki gücünü fark etmek için onunla yine sevgi aracılığıyla güç birliği yapmalısınız.

Ne Fark Eder?

> *"Karışıklıkta basitliği bulun. Düzensizlikte ahengi bulun. Zorluğun ortasındaki fırsatı görün."*
>
> Albert Einstein (1879-1955)
>
> NOBEL ÖDÜLLÜ FİZİKÇİ

Eğer aklınız detaylarla doluysa bu küçük detaylar dikkatinizi dağıtır ve sizi aşağı çeker. Zerre kadar önemi olmayan küçük detaylara takılırsanız iyi hissetme konusunda kararlı ve azimli olamazsınız. Kıyafetlerinizi kapanmadan önce kuru temizleyiciye yetiştirmeniz gerçekte ne fark eder? Tuttuğunuz takımın bu hafta kazanamaması hayatınızda ne fark yaratır? Her zaman gelecek hafta vardır. Otobüsü kaçırsanız ne fark eder? Manavda portakal kalmamışsa ne fark eder? Birkaç dakika sıra bekleseniz ne kaybedersiniz? Bütüne baktığınızda bu küçücük şeyler ne fark yaratır?

Küçük detaylar dikkatinizi dağıtır ve hayatınızı sabote eder. Gereksiz detaylara gerektiğinden fazla değer verirseniz iyi hissetmezsiniz. Bunların hiçbiri hayatınızın bütününde önemli değil! Tek biri bile! Hayatınızı basitleştirin. Bunu iyi duygularınızı korumak için yapın. Bunu yapın çünkü küçük detaylardan kurtulduğunuzda hayatınıza istediğiniz şeylerin yağması için yer açarsınız.

Hayata Siz Anlam Katıyorsunuz

Hayattaki her şeye siz anlam veriyorsunuz. Hiçbir durum iyi ya da kötü bir etiketle oluşmaz. Her şey nötrdür. Gökkuşağı ve bir fırtına iyi ya da kötü değildir, onlar sadece gökkuşağı ve fırtınadır. Gökkuşağına onunla ilgili hisleriniz aracılığıyla anlam katan sizsiniz. Fırtınaya onunla ilgili hisleriniz aracılığıyla anlam katan sizsiniz. Hislerinizle her şeye bir anlam yüklersiniz. Bir iş iyi ya da kötü değil sadece bir iştir ama işiniz konusunda nasıl hissettiğiniz onun sizin için iyi ya da kötü olacağını belirler. Bir ilişki iyi ya da kötü değil sadece bir ilişkidir ama o ilişki konusunda ne hissettiğiniz onun sizin için iyi mi kötü mü olacağını belirler.

"Hiçbir şey iyi ya da kötü değildir, onu ikisinden biri yapan düşüncelerdir."

William Shakespeare (1564-1616)
İNGİLİZ OYUN YAZARI

Hepimiz başka bir insana zarar vermenin iyi olmadığını biliriz ve çekim yasası başka bir insana zarar veren herkese aynı şekilde karşılık verir. Zararın karşılığını vermek için polisi, kanunları ya da başka yolları kullanır; ama çekim yasasında bir şey kesindir, verdiğimizi geri alırız. Eğer birinin başka biri yüzünden zarar gördüğünü duyarsanız zarar gören insan için şefkat duyun ama kimseyi yargılamayın. Eğer birini yargılar ve kötü olduğunu düşünürseniz sevgi vermezsiniz. Ve başka birinin kötü olduğunu düşünerek kendinizi de kötü olarak etiketlersiniz. Ne verirseniz onu alırsınız. Başka biriyle ilgili kötü hisler verirseniz, ne yapmış olursa olsun, o kötü hisler size geri döner! Onları gönderdiğiniz şiddette geri dönerler ve hayatınızda olumsuz durumlar yaratırlar. Sevginin gücü için mazeret yoktur!

> *"Hayat aşkıyla yaşanan hayat canlı, zengin ve durmadan güzellik ve güçle genişleyen hayattır."*
>
> Ralph Waldo Trine (1866-1958)
>
> YENİ DÜŞÜNCE YAZARI

Sevgi Dünya İçin Bir Güçtür

Sevginin gücünün tersi yok. Hayatta sevgiden başka güç yok. Olumsuzluk gücü yok. Antik çağlarda olumsuzluk bazen şeytan olarak nitelendirilirdi. Şeytana uymak sevginin gücünde kalmak yerine olumsuz duygulara ve düşüncelere düşmek anlamına gelir. Olumsuzluk gücü yoktur. Tek güç vardır ve o güç de sevgidir.

Dünyada gördüğünüz tüm olumsuz şeyler daima ve daima sevgisizliğin dışavurumudur. O olumsuzluk ister bir insanda ister bir yerde ister bir durumda ya da bir olayda olsun, her zaman sevgisizlikten gelir. Mutsuzluk gücü yoktur. Mutsuzluk mutluluk eksikliğidir ve bütün mutluluklar sevgiden gelir. Başarısızlık gücü yoktur, başarısızlık başarı eksikliğidir ve bütün başarılar sevgiden gelir. Hastalık gücü yoktur, hastalık sağlıksızlıktır ve sağlık sevgiden gelir. Yoksulluk gücü yoktur, yoksulluk para eksikliğidir ve para, bolluk ve bereket sevgiden gelir. Sevgi hayatın olumlu gücüdür ve her olumsuz durum daima sevgisizlikten gelir.

İnsanlar olumsuzluktan çok sevgi verme dönüm noktasına geldiler mi olumsuzluğun gezegenden ışık hızıyla kaybolduğunu göreceğiz. Tüm dünya nüfusunun dönüm noktasına gelmesi için yüz bin insanın sadece sevgi vermesinin yeterli olduğu hesaplandı. Bir hayal edin! Her sevgi vermeyi seçişinizde sevginiz dünyanın olumluluğun dönüm noktasına ulaşmasına yardım ediyor. Bazı insanlar şimdi o dönüm noktasına çok yakın olduklarına inanıyor. Haklı olsunlar olmasınlar, şimdi her zamankinden daha fazla sevgi ve olumluluk verme zamanı. Bunu hayatınız için yapın. Ülkeniz için yapın. Dünya için yapın.

> *"Kalp doğru yola girdiğinde özel hayat gelişir. Özel hayat geliştiğinde ev hayatı düzene girer. Ev düzene girdiğinde ulusal hayat derlenip toplanır. Ve ulusal hayat derlenip toplandığında dünya huzura kavuşur."*

Konfüçyüs (M.Ö. 551-479)

ÇİNLİ FİLOZOF

Dünyada çok fazla gücünüz var çünkü verebileceğiniz çok fazla sevgi var.

ÖZET GÜÇ

- *Her şeyin bir frekansı vardır. Her şeyin! Ve hissettikleriniz hayatınıza sizinle benzer frekanstakileri getirir.*

- *Hayat size yanıt veriyor. Hayat sizinle iletişim kuruyor. Gördüğünüz her şey -her işaret, renk, insan, nesne- duyduğunuz her şey, her durum ve olay sizin frekansınızda.*

- *Mutlu olduğunuzda ve mutlu olmaya devam ettiğinizde sadece mutlu insanlar, durumlar ve olaylar hayatınıza girebilir.*

- *Hayatta kazalar ya da rastlantılar yoktur -her şey senkroniktir- çünkü her şeyin bir frekansı vardır. Bu hayatın fiziği, evrenin işleyişidir.*

- *Sevdiğiniz bir şey düşünün ve onu sevgi gücünüzün sembolü haline getirin. Ne zaman o sembolü görseniz ya da duysanız sevginin gücünün sizinle olduğunu bileceksiniz.*

- *Yaptığınız her şeyde sevginin gücünü bir adım öncenize koyun. Hayatınızdaki her şeyin iyi gittiğini hayal edin ve bir şey yapmadan içinizde mümkün olduğunca fazla sevgi hissedin.*

- *Her gün sorular sorun. Bir soru sorduğunuzda bir soru veriyorsunuz demektir ve bir cevap almalısınız.*

- *Hayatınızdaki her şeyde size yardımcı olması için sevginin gücünü kullanın. Sevginin gücü sizin özel asistanınız, muhasebeciniz, özel spor antrenörünüz ve ilişki danışmanınız olacak.*

- *Eğer zihniniz çok fazla detayla doluysa bu detaylar aklınızı karıştırır ve sizi aşağıya çeker. Hayatınızı basitleştirin ve küçük şeylere gereğinden fazla önem vermeyin. Zaten ne fark yaratacaklar ki?*

- *Sevginin gücünün tersi yok. Hayatta sevgiden başka güç yok. Dünyada gördüğünüz tüm olumsuzluklar daima sevgi eksikliğinden kaynaklanır.*

GÜÇ VE HAYAT

Bir insan var olmamayı hayal edemez. Bedenimizin hayatta olmamasını hayal edebiliriz ama var olmamayı hayal edemeyiz. Sizce neden? Bu bir rastlantı mı? Değil. Var olmadığınızı hayal edemezsiniz çünkü var olmamanız mümkün değil! Eğer bunu hayal edebilseydiniz yaratabilirdiniz ve siz bunu asla yaratamazsınız! Hep vardınız ve var olacaksınız çünkü siz yaratımın bir parçasısınız.

> *"Burada toplanan siz, ben ve kralların var olmadığı bir zaman olmadı, bizim var olmayacağımız bir zaman da olmayacak. Nasıl insan çocukluk, gençlik ve yaşlılık vücutlarının içinde aynı kişi olmaya devam ediyorsa ölüm sırasında da başka bir vücuda geçer. Bilgeler bu değişimlere kanmaz."*

Bhagavad Gita (M. Ö. 5. YÜZYIL)

ESKİ HİNDU YAZISI

O halde bir insan öldüğünde ne olur? Beden yok olmaz çünkü yokluk diye bir şey yoktur. Vücut elementlere ayrışır. Ve içinizdeki varlık da

-*gerçek* siz- yok olmazsınız. Varlık kelimesi zaten size daima var olacağınızı söyler! Siz geçici olarak insan bedeninde yaşayan ebedi bir varlıksınız. Eğer yok olsaydınız evrende bir boşluk oluşurdu ve tüm evren o boşluğa düşerdi.

Vücutlarını terk ettiklerinde başka varlıkları görememenizin tek sebebi, sevgi frekansını görememeniz. Ultraviyole ışınlarının frekansını da göremiyorsunuz ve onların bulunduğu sevgi frekansı yaratımdaki en yüksek frekans. Dünyadaki en gelişmiş bilimsel cihaz sevgi frekansını saptamanın yakınından bile geçemez. Ama unutmayın ki sevgi hissedebilirsiniz, yani artık göremediğiniz biri varsa onu sevgi frekansında hissedebilirsiniz. Istırap ve keder içindeyken onu hissedemezsiniz çünkü o frekanslar göremediğiniz kişinin bulunduğu frekanstan çok uzakta. Ama sevgi ve minnetin en yüksek frekanslarındayken onu hissedebilirsiniz. Sizden asla uzak değildir ve siz ondan asla ayrılmadınız. Sevginin gücüyle hayattaki *her şeyle* bağ kurabilirsiniz.

Cennet İçinizde

"Cennetin ve yeryüzünün tüm kaideleri içinizde yaşıyor."

Morihei Ueshiba (1883-1969)

AİKİDO DÖVÜŞ SANATININ KURUCUSU

Eski yazılarda "Cennet içinizde," der ve bahsettikleri varlığınızın frekansıdır. İnsan bedeninizden ayrıldığınızda otomatikman saf sevginin en yüksek frekansındasınızdır çünkü varlığınızın frekansı budur. Eski çağlarda saf sevginin en yüksek frekansına cennet deniyordu.

Cenneti bu hayatta bulmalısınız, vücudunuz öldüğünde değil. Cenneti burada, dünyada bulmalısınız. Ve cennet gerçekten sizin içinizde çünkü cennet varlığınızın frekansı. Dünyada cenneti bulmak hayatınızı varlığınızın frekansında yaşamaktır. Saf sevgi ve mutluluğun frekansında.

Yaşam Sevgisi İçin

"Asıl soru devam edip edemeyeceğiz değil, bundan keyif alıp almayacağınızdır."

Robert Thurman (D. 1941)

BUDİST YAZAR VE AKADEMİSYEN

Siz ebedi bir varlıksınız. Her şeyi tecrübe etmek için dünyadaki tüm zamana sahipsiniz. Zaman kısıtlamanız yok, siz daimisiniz! Önünüzde bir sürü macera, yaşanacak pek çok şey var. Sadece dünyadaki maceralar değil çünkü dünyada uzman olduğumuzda başka dünyalarda yeni maceralara başlayacağız. Farklı galaksiler, boyutlar ve hayal bile edemeyeceğimiz hayatlar var ama hepsini göreceğiz. Ve onları birlikte göreceğiz çünkü biz yaratımın bir parçasıyız. Şu andan itibaren trilyonlarca yıl boyunca sıradaki maceramızın yaratımını izleyecek, dünyaların ötesinde dünyalar, galaksilerin ötesinde galaksiler ve sınırsız boyutlar göreceğiz. Hepsi sonsuzluğa dek önümüzde uzanıyor.

Bunları düşündüğünüzde belki sandığınızdan biraz daha özel olduğunuzu anlamışsınızdır. Belki düşündüğünüzden azıcık daha değerlisiniz. Sizin, tanıdığınız insanların ve yaşamış hiçbir insanın sonu yok!

Şimdi kollarınızı hayata dolayıp *"Teşekkür ederim,"* demek istemiyor musunuz? Sizi bekleyen maceralar için heyecanlı değil misiniz? Bir dağın zirvesine çıkıp asla bitmeyen bir hayata, "*Evet*!" diye haykırmak istemiyor musunuz?

Hayatınızın Amacı

> *"Minnet ve sevinç duymak için sebebiniz olması gerekmez."*
>
> *Gautama Buddha* (M.Ö. 563-483)
>
> Budizmin kurucusu

Hayatınızın amacı mutluluk. Öyleyse sizce hayattaki en büyük mutluluk kaynağı ne? Tabii ki vermek! Eğer biri altı yıl önce bana hayattaki en büyük mutluluğun vermek olduğunu söyleseydi, "Sana göre hava hoş tabii. Ben iki yakamı zor bir araya getiriyorum. Verecek neyim var ki?" derdim.

Hayattaki en büyük mutluluk, vermek. Vermezseniz daima mücadele etmek zorunda kalırsınız. Hayatınızdaki sorunların ardı arkası kesilmez ve tam biraz rahatladım derken kendinizi yeni bir savaşın içinde bulursunuz. Hayattaki en büyük mutluluk, vermek. Verebileceğiniz de tek bir şey var. Sevginiz! Sevginiz, sevinciniz, olumluluğunuz, heyecanınız, minnetiniz ve tutkunuz bu hayattaki gerçek ve ebedi şeyler. Dünyanın tüm zenginlikleri yaratımın en paha biçilmez armağanının yanında hiç kalır ve bu armağan içinizdeki sevgidir!

En iyi yönünüzü verin. Sevginizi verin. Sevgi hayatın tüm zenginliklerini mıknatıs gibi çeker. Ve hayatınız mümkün olabileceğini düşündüğünüzden çok daha fazla zenginleşir. Sevgi verdiğinizde hayatınızın gerçek amacını yerine getirirsiniz. Sevgi verdiğinizde karşılığında o kadar sevgi ve neşe alırsınız ki daha fazlasını kaldıramayacağınızı bile düşünebilirsiniz. Ama sınırsız sevgi ve neşe alabilirsiniz çünkü siz busunuz.

> *"Bir gün, insanoğlu rüzgarları, dalgaları, akıntıları ve yerçekimini fethettiğinde Tanrı için enerjilerin gücünü kullanacağız ve sonra insan, dünya tarihinde ikinci kez, ateşi bulmuş olacak."*
>
> Pierre Teilhard de Chardin (1881-1955)
>
> RAHİP VE FİLOZOF

Bu dünyaya sevginizle geldiniz ve sizinle götürebileceğiniz tek şey o. Buradayken, her olumluluğu seçtiğinizde, her iyi hissetmeyi seçtiğinizde, sevginizi verirsiniz ve onunla dünyayı aydınlatırsınız. Ve istediğiniz her şey, hayalini kurabileceğiniz her şey, sevdiğiniz her şey, nereye giderseniz gidin sizi takip eder.

İçinizde evrenin en büyük gücü var. Ve onunla, inanılmaz bir hayatınız olacak!

Güç içinizde.

Başlangıç

ÖZET GÜÇ

- *Hep vardınız, hep var olacaksınız. Siz yaratılışın bir parçasısınız.*

- *Sizin, tanıdığınız hiçbir insanın ve yaşamış hiç kimsenin bir sonu yok!*

- *Dünyada cenneti bulmak, hayatınızı varlığınızın frekansında yaşamaktır. Saf sevgi ve mutluluğun frekansında.*

- *Hayattaki en büyük mutluluk, vermektir. Vermezseniz, yaşamak için daima mücadele etmek zorunda kalırsınız.*

- *Sevginiz, sevinciniz, olumluluğunuz, heyecanınız, minnetiniz ve tutkunuz hayattaki gerçek ve ebedi şeyler. Dünyanın tüm zenginlikleri yaratılışın en paha biçilmez armağanının yanında hiç kalır ve bu armağan içinizdeki sevgidir!*

- *En iyi yönünüzü verin. Sevginizi verin çünkü sevgi hayatın tüm zenginliklerini mıknatıs gibi çeker.*

- *Buradayken, her olumluluğu seçtiğinizde, her iyi hissetmeyi seçtiğinizde, sevginizi verirsiniz ve onunla dünyayı aydınlatırsınız.*

Güç size tüm varlığınız boyunca sevgi
ve mutluluk getirsin.

Sizin için ve dünya için
tek temennim budur.

Yazar hakkında

Rhonda Byrne'ün temennisi: *Trilyonları mutlu etmek.*

Byrne, yolculuğuna dünyada milyonlarca kişi tarafından izlenen *The Secret* filmiyle başladı. Bu filmi, dünya çapında bir çoksatar haline gelen ve şu anda kırk altı dilde çevirisi bulunan *The Secret* kitabı takip etti.

Şimdi, çığır açan çalışmalarına *The Power* ile devam ediyor. Evrenin tek ve en büyük gücünü açıklıyor.